北京仲裁

BEIJING ARBITRATION QUARTERLY

北京仲裁委员会
Beijing Arbitration Commission
北京国际仲裁中心
Beijing International Arbitration Center

第 114 辑（2020年第4辑） Vol. 114（2020, No. 4）

主　办：北京仲裁委员会／北京国际仲裁中心
协　办：中国国际私法学会
武汉大学国际法研究所

中国法制出版社
CHINA LEGAL PUBLISHING HOUSE

目录

编者按

获奖论文

Contents

Editor's Note

Award-Winning Papers

编者按

商事仲裁作为一种现代商事争议解决机制，正处于蓬勃发展的阶段。优秀的青年法学学子是推动中国商事仲裁未来发展的重要力量。为了鼓励高校法学专业学生熟悉仲裁、研究仲裁，培养更多青年学子成为仲裁事业的推动者和接班人，北京仲裁委员会 / 北京国际仲裁中心（BAC/BIAC，以下简称北仲）秉持“弘扬仲裁文化、培育仲裁新人”的宗旨，自 2013 年起每年举办一届“北仲杯”全国高校商事仲裁有奖征文大赛，得到众多高校法学学子的关注和参与。

第八届“北仲杯”全国高校商事仲裁有奖征文大赛于 2020 年 4 月 3 日启动，现已圆满结束。本届大赛面向国内外高校法学专业学生，以商事仲裁或其他多元争议解决方式（相关的实体或程序法律问题）为征文主题。参赛论文题材依然保持着前七届涵盖范围广、涉及主体多的特点，既有关注国内仲裁制度的，又有对国际仲裁以及仲裁中涉及的实体法律问题展开研究的。不少论文观点新颖，研究深入，体现了我国法学学子更加广阔的学术视野和日益精进的研究水平。

经过初审、复审、答辩三个环节的层层筛选，本届大赛共评选出一等奖一名、二等奖二名、三等奖五名、优秀奖七名。具体获奖论文作者、院校及论文题目如下（同一奖项间排名不分先后，按作者姓氏拼音排序）:

一等奖：

高　扬（澳洲国立大学）：Bridging an Access to Justice Gap for International Commercial Disputes：Recent Developments on Interim Measures in Cross-Border Chinese Arbitration

二等奖：

邓仁江（中国政法大学）：《仲裁裁决撤销之诉中公共利益条款的司法适用》

汪　蓓（北京大学）：《仲裁第三人程序准入制度的检视与完善》

三等奖：

包康赟（北京大学）：《〈新加坡公约〉的“后发优势”与中国进路》

陈　珊（中国人民大学）：《单边选择性仲裁条款的有效性研究》

马万里（鹿特丹伊拉斯姆斯大学）：Effectiveness Analysis of Investment Arbitration as an Alternative to Domestic Courts：A Goal-based Approach

吴佩乘（上海交通大学）：《论作为私人实施方式的反垄断民事纠纷仲裁》

余　璐（斯德哥尔摩大学）：At the Gateway of Expedited Procedure：the Role of the Parties，Institution and Arbitral Tribunal

优秀奖：

范晓宇（武汉大学）：《美国法下仲裁司法审查之可仲裁性问题——兼论黑龙江等诉蒙古国案对我国的启示》

刘　朗（中国政法大学）：《仲裁裁决主文不明的救济方式选择》

沈　超（上海对外经贸大学）：《我国投资仲裁上诉机制构建探析——以北仲投资仲裁上诉机制为例》

孙嘉琪（上海海事大学）：《仲裁协议在第三人利益合同中的效力扩张——从〈民法典〉第522条切入》

吴俞阳（北京大学）：《仲裁机构所在地法作为仲裁协议准据法的研究》

向东春（西南政法大学）：《论仲裁协议妨诉抗辩效力的转换》

余丽缘（伦敦政治经济学院）：Disclosure：Optimal Solution of Third-Party Funding Regulation?

为了满足读者需要，进一步丰富和繁荣商事仲裁理论研究成果，本辑《北京仲裁》作为第八届“北仲杯”全国高校商事仲裁有奖征文大赛的获奖论文专刊，在经获奖作者授权后，将其中9篇获奖论文予以刊载。这些论文的研究题材主要围绕仲裁裁决撤销中的公共利益、快速程序、国际投资仲裁等业界广泛关注的实务问题，从程序及实体多维度就仲裁行业前沿热点进行了富有探索性的研究。这些论文充分体现了作者们独到的学术视角和活跃的学术思维。需要说明的是，在论文答辩过程中，评审专家针对部分论文指出了一些问题，提出了一些修改意见或研究建议，部分作者在参加完论文答辩后对论文的内容或标题进行了完善，并向大赛组委会提供了修改后的论文，本刊刊载的即为修改后的论文。

“北仲杯”全国高校商事仲裁有奖征文大赛采用公正严格的评审机制，力求为广大关心仲裁发展、热爱仲裁事业的青年法学学子提供学术研究的机会、与专家交流的渠道以及施展才华的平台。在前七届大赛的基础上，第八届大赛继续在高校中保持着较广泛的影响力，继续贯彻大赛以征文形式推动宣传仲裁、以奖助方式鼓励研究仲裁、以锁定学生实现培育新苗、以严格评审达到公平择优之旨的比赛模式，为今后大赛积累了更多宝贵的经验。大赛将继续把“推进仲裁研究，培养仲裁人才”作为一项目标，推动北仲成为多元争议解决人才培养中心，助力中国仲裁事业的传承与发展。同时，北仲另设有“科研基金项目”“北仲争议解决新探索文库项目”“北仲争议解决新视野译丛项目”等，用于鼓励资助争议解决理论及实务研究，欢迎读者继续关注。

“北仲杯”征文大赛组委会

《北京仲裁》编辑部

2020年12月31日

仲裁裁决撤销之诉中公共利益条款的司法适用

邓仁江 *

● 摘 要

实证研究表明，在仲裁裁决撤销之诉中，公共利益条款的司法适用事由可以体系化地剥离和总结为“两大类、七小类”。首先，法律代表着公共利益，第一大类的四种情形即均以此为共同的出发点，分别是：违反法律规则、违反基本原则、违反法理原则、违反生效判决。其次，共同利益、国家利益、未来利益可以向公共利益演化，第二大类的三重路径即体现了以公共利益为目标的不同演进轨迹，分别是：直接侵害公众的共同利益、导致国有财产的巨大损失、造成不良的社会示范效应。上述七种情形各自完全符合时，均可独立证成对公共利益之违背，构成了目前我国仲裁裁决撤销之诉中公共利益条款较为成熟的适用事由。但实践中公共利益条款从“滥用之虞”演变成了“不敢用之惧”，不少法官往往惮于适用这一条款来对仲裁裁决进行实质审查。此外，受制于实践中具体案例存在的或多或少瑕疵，以及举证的充分程度，当申请人请求法院撤销仲裁裁决时，或是被法官拒于司法审查的门外，或是裁决经受住了司法审查未被撤销，或是裁决在司法审查过程中证实违背公共利益而被撤销。

---

* 邓仁江，中国政法大学本科生。本文得到了北京大学法学院傅郁林教授、中国政法大学国际法学院宋连斌教授的建议和指正，特致谢忱。当然，文责自负。

● **关键词**

仲裁裁决　司法审查　撤销之诉　公共利益

Abstract: Empirical research shows that in the lawsuit of revocation of arbitral award, the judicial application of public interest clauses can be systematically extracted and summarized as "two categories and seven subcategories". First of all, the law represents the public interest, which is the common starting point of the four situations in the first category, namely, violation of legal provisions, basic principles, legal principles and effective judgments. Secondly, common interests, national interests and future interests can evolve to public interests. The second category of triple paths reflects different evolution paths aiming at public interests, namely, directly infringing on public common interests, causing huge losses of state-owned property and causing adverse social demonstration effects. In theory, all the seven situations mentioned above can prove to be contrary to the public interest. The above situations constitute the mature application reasons of the public interest clause in the lawsuit of revocation of arbitral award in China. However, due to the more or less defects in specific cases in practice and the sufficient degree of proof, when the applicant requests the court to revoke the arbitral award, it is either rejected by the judge, or the award has withstood the judicial review and has not been revoked, or the award has been revoked because it is proved to be contrary to the public interest in the judicial review process.

Key Words: arbitration award, judicial review, action for revocation, public interest

前　言

仲裁的生命力源于对当事人意思自治的充分尊重，这既是仲裁的核心要义所在，也是其与诉讼的重要区别。但仲裁同时也可能由于各种因素的交织影响而损害当事人合法权益，殃及仲裁的公正性和权威性，[①]所以，对其建构起恰当的外部监督机制，特别是引入司法的有限审查程序，是保障其平稳、健康、有效运行的关键，否则，仲裁可能成为“人治下的开明专制”[②]。作为对仲裁进行司法监督的主要方式之一，仲裁裁决撤销之诉的良善运行值得重点关注。

《仲裁法》第58条第3款（以下简称公共利益条款）规定了违背公共利益的仲裁裁决可被法院撤销。究其背后法理，与仲裁的民间性特征关联甚密。仲裁机构作为当事人约定的争议解决组织，通常只关注私权主体之间利益冲突的解决。因此，仲裁程序和结果要获得正当性，离不开司法权的外部制约与监督。[③]但在理解《仲裁法》第58条第3款时，由于公共利益一词的特殊性，首先碰到的问题便是：什么样的仲裁裁决会被认为是违背公共利益的？或者说，现实中的仲裁裁决违背公共利益存在怎样的可能性？

来自我国仲裁裁决撤销之诉案例的实证分析，或许能够为上述问题的解决提供一个别样的观察和分析视角。受益于大数据建设的日益完善和司法公开的深入推进，本文不揣疏浅，尝试运用实证研究的方法，展现仲裁裁决撤销之诉中公共利益条款的司法适用轨迹，并在此基础上进行理论反思，体系化剥离和总结司法适用事由，检视实践中的得当与不当之处，以期使这一重要的仲裁司法监督程序得以更好的运行。

一、实证研究的展开

法律是实践的科学，实证研究可以在科学把握实然的前提上去贯彻应然的价值取向，是防止“为我”（司法与立法良性互动）变为“唯我”（司法为立法机械背书）的一种认识工具。[④]要挖掘公共利益条款在仲裁裁决撤销之诉中的适用情况，就需要倚仗这一重要方法。为实现法学实证研究内涵的数据完整性和数据客观性之目标，[⑤]本文依托裁判文书网、北大法宝、无讼案例

---

① 参见杨秀清、史飚：《仲裁法学》，厦门大学出版社2019年版，第303页。

② 参见宋连斌：《论中国仲裁监督机制及其完善》，载《法制与社会发展》2003年第2期。

③ 参见乔欣：《比较商事仲裁》，法律出版社2004年版，第330页。

④ 参见白建军：《论法律实证分析》，载《中国法学》2000年第4期。

⑤ 参见屈茂辉：《基于裁判文书的法学实证研究之审视》，载《现代法学》2020年第3期。

等平台，择取“申请撤销仲裁裁决”案由，[①] 以“《仲裁法》第五十八条第三款”[②]“社会公共利益”[③] 为关键词，选取2020年7月15日前公布的裁判文书，剔除法院重复上传案例、与仲裁裁决撤销之诉完全无关的案例，最后共得案件233例，组成研究样本。本文由此梳理出七种司法适用情形，后文将一一讨论，并选取代表性案例作典型剖析。

因本文聚焦的是公共利益条款在仲裁裁决撤销之诉中的适用，而非仲裁裁决撤销诉讼这一整体，故不再赘述地区、年份、法院审级等描述性统计结果，后文在必要时会另行个案提及。

此外，还有两点前提性共识须厘清和达成，以便作为行文展开之基础。

第一，公共利益概念本身具有模糊性和开放性，很难一劳永逸地给其下定义。[④] 虽然边界固定的概念可以代替描述认知上的模糊意向，[⑤] 但本文认为，公共利益这一概念极其特殊，某种意义上，概念内涵的不确定性和开放性，以及由此所带来的适应性，正是这一概念被创制出来的真正价值。

第二，仲裁司法审查是有限的、克制的、谦抑的。撤销裁定既是对仲裁最严厉的监督，同时也应将仲裁友好贯穿其中。[⑥] 在仲裁裁决撤销之诉中，司法对仲裁的监督要继续恪守谦抑的本性，以有限审查为限。因此，即使公共利益条款的模糊性和开放性给了司法审查仲裁很大的自由裁量空间，这一条款在仲裁裁决撤销之诉中的适用仍是特殊且例外的。

---

① 仲裁裁决撤销之诉在《民事案件案由规定》（2011年版）中是第十部分“适用特殊程序案件案由”里的二级案由“仲裁程序案件”下列的三级案由“申请撤销仲裁裁决”。

② 笔者以“《仲裁法》第五十八条第三款”为关键词之一检索时，发现部分裁定书实质上是在援引《仲裁法》第58条第1款第3项，却误载为《仲裁法》第58条第3款。依时间先后将案号简要列举：（2014）石民初字第40号、（2016）冀07民特1号、（2017）冀07民特28号、（2018）京04民特285号、（2019）冀01民特209号、（2020）鲁01民特19号。此类因误载而被检索到的无关样本在本文筛选时亦已被排除。

③ 在我国法律语境中，基本是将“社会公共利益”和“公共利益”作为同一概念使用。如无特别说明，本文在后续的表述上亦将二者等同使用。

④ 参见［英］迈克·费恩塔克：《规制中的公共利益》，戴昕译，中国人民大学出版社2014年版，第32页。

⑤ 参见［德］M. 石里克：《普通认识论》，李步楼译，商务印书馆2017年版，第37页。

⑥ 参见宋连斌、颜杰雄：《申请撤销仲裁裁决：现状·问题·建言》，载《法学评论》2013年第6期。

二、司法适用事由之一：四项情形

在仲裁裁决撤销之诉中，借由公共利益条款形成的适度司法监督，有助于保证仲裁程序的合法性和仲裁裁决的公正性，提升仲裁行业的公信力和影响力。与此同时，发掘和检视公共利益条款在撤销之诉中的司法适用，是维护仲裁司法监督权威性的要旨所在。实证研究发现，在第一层次上，实务中对公共利益条款的适用主要从以下四种情形展开。

（一）违反法律规则

1. 违反法律规则等于违背公共利益吗？

法律代表公共利益吗？违反法律必然意味着违背公共利益吗？这是法理界既发人深思又趣味盎然的难题。在仲裁裁决撤销之诉中，对这两个问题的不同态度，实质上决定了法官们两种截然不同的立场。

当申请人以仲裁裁决违反法律规则为由，援引公共利益条款主张撤销裁决时，若法官认为仲裁庭因违反法律导致法律适用错误，与社会公共利益无关，则不会将仲裁实体内容纳入司法审查范围。反之，法官将根据申请人的主张和理由，借由公共利益条款对仲裁裁决进行实质审查，判定是否因违反法律而违背公共利益。

2. 持否定立场的法官的说理路径

表1 “违反法律规则”之一

<table>
<tr><th>序号</th><th>裁定书</th><th>申请人理由</th><th>法院态度与理由</th></tr>
<tr><td>1</td><td>广东省佛山市中级人民法院（2016）粤06民特149号民事裁定书</td><td rowspan="2">将无效合同认定为有效</td><td rowspan="5">不支持。系实体裁决问题</td></tr>
<tr><td>2</td><td>江西省南昌市中级人民法院（2019）赣01民特77号民事裁定书</td></tr>
<tr><td>3</td><td>山东省德州市中级人民法院（2017）鲁14民特30号民事裁定书</td><td>违反《村庄和集镇规划建设管理条例》第20条</td></tr>
<tr><td>4</td><td>黑龙江省哈尔滨市中级人民法院（2017）黑01民特346号民事裁定书</td><td>违反诉讼时效起算点规定</td></tr>
<tr><td>5</td><td>广东省东莞市中级人民法院（2017）粤19民特322号民事裁定书</td><td>错误适用《仲裁法》第9条</td></tr>
</table>

续表

序号	裁定书	申请人理由	法院态度与理由
6	北京市第三中级人民法院（2016）京03民特219号民事裁定书	违反《合同法》第84条	不支持。系平等主体之间的私权关系，与社会公共利益无关
7	广东省广州市中级人民法院（2016）粤01民特614号民事裁定书	混淆了股权交易与房屋交易两个法律关系的性质	
8	广东省广州市中级人民法院（2019）粤01民特1559号民事裁定书	裁决过户的建筑系违法建筑	
9	北京市第四中级人民法院（2019）京04民特593号民事裁定书	违反《公司法》第28条	
10	福建省福州市中级人民法院（2019）闽01民特189号民事裁定书	违反《政府投资条例》	
11	北京市第四中级人民法院（2020）京04民特119号民事裁定书	违反强制性规定，超出经营范围，未经依法授权从事向不特定对象发放贷款的业务	
12	浙江省杭州市中级人民法院（2019）浙01民特336号民事裁定书	错误地将行政法规提升至法律地位	不支持。仲裁裁决是否适用法律错误，不属于社会公共利益的范畴

由上表可见，即使在持否定立场的法官群体内部，释法说理时的“两极分化”现象也比较严重。一者认为，适用法律正确与否，系仲裁实体裁决问题，故不属于司法审查范围，体现了法官的自由裁量权对仲裁员的自由裁量权之尊重。另一者认为，适用法律正确与否仅在仲裁双方之间产生影响，不涉及多数人，故与公共利益无关。此二者颇有“对半开”之势。此外，也有法官“不绕弯子”，直截了当地点明法律适用是否错误与公共利益无关（例12）。

3. 持肯定立场的法官的说理路径

表2 “违反法律规则”之二

序号	裁定书	申请人理由	法院态度与理由
1	山东省东营市中级人民法院（2016）鲁05民特9号民事裁定书	涉案工程依法须经招投标，裁决却认定未经招投标的建设工程施工合同有效	支持。仲裁裁决违反《招标投标法》等法律的效力性强制规范

续表

序号	裁定书	申请人理由	法院态度与理由
2	广西壮族自治区梧州市中级人民法院（2017）桂04民特32号民事裁定书	违反金融法规	支持。仲裁裁决违反《商业银行服务价格管理办法》等金融法规
3	海南省海口市中级人民法院（2017）琼01民特35号民事裁定书	政府有权基于公共利益收回土地，只需退还土地出让金	支持。仲裁裁决违反《土地管理法》等法律规则

经上表梳理可知，也有一些法院的法官敢于根据申请人主张，抡起公共利益条款的大锤，对仲裁裁决进行司法审查，并判断其因违反法律规则（效力性强制性规定）而违背社会公共利益，符合撤销仲裁裁决的法定事由。

4. 回到最初的起点：违反法律究竟等不等于违背公共利益？

首先，针对抛出的第一个问题——法律代表公共利益吗？法理上有着基本的共识。本文认为，美国学者塔玛纳哈的一句总结甚为简洁精辟："法律代表公共利益或曰公共福利。这一性质使得法律由公众所设，且为公众而设，值得公民加以遵守。这一理念同样为法律统治提供了正当性。"①

然而，更为棘手的问题便是，从"法律代表公共利益"，可以从逻辑上顺利推导出"违反法律则违背公共利益"这一结论吗？初看，似乎这一逻辑推演的结论颇有水到渠成之感。实则不然。那这一逻辑推理的问题出在哪儿呢？

本文认为，症结就在"法律"的定义上，因为我们其实是在不同的意义上使用同一语词，尽管潜意识里很难发现。概言之，"法律代表公共利益"中的"法律"是抽象意义上的，"违反法律则违背公共利益"中的"法律"是具体意义上的。所以，从"法律代表公共利益"无法顺利推出"违反法律等于违背公共利益"。

当然，违反（具体意义上的）法律是否违背公共利益这一问题仍然无法回避，有待明确回答。从表2的三则肯定性判决出发，本文认为，以"违反法律效力性强制性规定"为判断标准，或可为如何认定"违反法律则违背公

① ［美］布莱恩·塔玛纳哈：《法律工具主义对法治的危害》，陈虎、杨洁译，北京大学出版社2016年版，第303页。

共利益”的命题提供一条可行的证成路径。尽管效力性强制性规定本身面临着循环论证的质疑，[①] 但前文的实证研究已经表明，这是法官目前在仲裁裁决撤销之诉中，面对裁决可能违反法律规则的情形，适用公共利益条款的主要路径。况且，效力性强制性规定经由理论和实务双向互动后的类型化分析，[②] 可以在一定程度上减轻和缓解循环论证带来的负面影响。

（二）违反基本原则

法律代表着公共利益，而基本原则是法律制定和适用过程中的根本准则，往往蕴含着更为抽象、宏观且重要的公共利益，有着立法者“意欲追求的基本价值观念”[③]。如果仲裁裁决撤销之诉的申请人以裁决违反基本原则为由，援引公共利益条款，请求法院撤销，则法院应当依据公共利益条款来实质审查仲裁裁决，从而判断究竟有没有因违反基本原则而违背公共利益。这是理论上的应然状态，不过，司法实践中却在此产生了分歧（见表3和表4）。

表3 “违反基本原则”之一

序号	裁定书	申请人理由	法院态度与理由
1	广东省广州市中级人民法院（2016）粤01民特990号民事裁定书	违反诚实信用和公平原则	不支持。仲裁裁决只影响讼争各方当事人的利益，未涉社会公共利益
2	四川省巴中市中级人民法院（2019）川19民特3号民事裁定书	违反诚实信用原则	
3	天津市第二中级人民法院（2020）津02民特16号民事裁定书	违反合同自由原则和合同严守原则	
4	广西壮族自治区柳州市中级人民法院（2020）桂02民特21号民事裁定书	违反意思自治原则	
5	福建省福州市中级人民法院（2020）闽01民特5号民事裁定书	违反诚实信用和公平原则	
6	辽宁省锦州市中级人民法院（2019）辽07民特31号民事裁定书	违反诚实信用原则	不支持。系仲裁裁决的事实认定问题

① 参见姚明斌：《“效力性”强制规范裁判之考察与检讨——以〈合同法解释二〉第14条的实务进展为中心》，载《中外法学》2016年第5期。

② 参见石一峰：《效力性强制性规定的类型化分析》，载《武汉大学学报（哲学社会科学版）》2018年第2期。

③ 易军：《民法基本原则的意义脉络》，载《法学研究》2018年第6期。

由表3可知，当申请人主张仲裁裁决违反基本原则时，倾向于仍不以公共利益条款审查仲裁裁决的法官，其理由仍是熟悉的“两板斧”。或是从范围的角度切入，认为系当事人之间的私权纠纷，不涉及多数人，不具有公众性，与公共利益无关；或是从仲裁实体裁决问题的角度，将其排除出司法审查的范围。

表4 “违反基本原则”之二

序号	裁定书	申请人理由	法院态度与理由
1	山东省威海市中级人民法院（2020）鲁10民特10号民事裁定书	违背公平原则	不支持。申请人可依《破产法》第40条另行主张抵销，仲裁裁决未予抵销并不违背公共利益
2	贵州省贵阳市中级人民法院（2017）黔01民特137号民事裁定书	法院主动适用公共利益条款审查	支持。如将客观上可能无法成就的条件继续拘束双方当事人，有违公平原则，会对合同相对方的合法权利造成现实危害，不利于保障社会主义市场经济的健康发展

首先针对表4须说明的一点是，虽然例1和例2的法院态度截然相反，但本文仍将其归为一类。原因在于，例1中，法院虽然最终没有支持申请人的撤销裁决请求，但法官已经根据申请人的主张，适用公共利益条款对仲裁裁决进行了实质审查，只是申请人的理由不足以证成而已。

对比表3和表4可见，在违反基本原则的情形中，不同法院的态度相差极大。一个是不断甩出“两板斧”来逃避。另一个却是在申请人甚至未提出违反基本原则主张时，主动依职权适用公共利益条款进行审查，发现违反公平原则的现象，从而裁定撤销裁决。法院之间面对同一类问题的主观能动性差异颇为可观。

本文认为，违反基本原则可以顺利地推出违反公共利益之结论，具体缘由在本节首段已述，此处不赘。表3中法官甩出的“两板斧”是存在问题的，其一，虽然违反基本原则仅发生在两个私主体之间，但违反基本原则本身就足以证成对公共利益之违反，正如同违背公序良俗的法律行为无效事由，即使只发生在当事人之间亦足以使该法律行为无效。其二，违反基本原则的情形固然也是仲裁实体裁决的范畴，但并不绝对排斥司法审查的介入。否则，如果仲裁裁决违反基本原则，在被违背的公共利益无法及时得以纠正时，标榜维护公义的司法审查也要止步于此吗？显然不能。正如同在仲裁协议中设置排除司法监督介入的条款会被视为无效条款一样。①

故而，法官在面对当事人主张裁决违反基本原则时，不能继续做“低头的鸵鸟”，要敢于适用公共利益条款去审查，判断究竟有没有违反基本原则，判定是否需要予以撤销。

（三）违反法理原则

与基本原则常常在实证法上有所明示和支撑不同，法理原则本身就极具抽象和繁杂，有可能违背公共利益，也有可能不违背。很难在一个概括性的整体层面去探讨，本文仅对司法实践中出现的类型进行针对性的分析。

表5 违反法理原则

序号	裁定书	申请人理由	法院态度与理由
1	辽宁省锦州市中级人民法院（2019）辽07民特31号民事裁定书	违反同案同判原则	不支持。系仲裁裁决的事实认定问题
2	湖南省岳阳市中级人民法院（2019）湘06民特64号民事裁定书		不支持。类案不必然要有类似的仲裁裁决
3	广东省广州市中级人民法院（2020）粤01民特530号民事裁定书		不支持。同案不同判的问题，系实体裁决范畴，不属于申请撤销仲裁裁决的法定事由，本院对此不作审查
4	北京市第四中级人民法院（2020）京04民特176号民事裁定书	违反从旧兼从轻原则，涉案合同在仲裁审理期间已不再属于必须进行招投标的工程项目	不支持。《刑法》规定的从旧兼从轻原则，不适用本案的民商事争议

目前，在我国司法实践中，穷尽检索，在仲裁裁决撤销之诉中，申请人主张违反法理原则的情形只有两类：违反同案同判和从旧兼从轻原则。

首先，针对同案同判、类案类判的法理原则，其素来就是法理学界争议

① 参见宋连斌、黄保持：《排除仲裁裁决司法追诉对仲裁协议效力的影响》，载《北京仲裁》2019年第3辑，中国法制出版社2019年版，第25–26页。

的热点。本文认为，我国并非判例法国家，这一法理原则一般只对法官有提示性作用，并无实质影响，是“可被凌驾的道德要求”[①]。在仲裁领域，基于仲裁一裁终局的制度设计及仲裁司法审查的有限审查原则，不同的仲裁庭对案件事实和法律适用依法独立进行判断，相似的案件并不必然有相同的裁决结果。

再者，江苏高院近日出台了建立类案强制检索报告制度的文件。[②]此类在权限范围内比最高法院先走一步的行为，彰显了地方法院在优化司法环境上的积极作为和能动性。[③]那么仲裁庭在裁决案件时，是否需要参照适用最高院指导案例或者仲裁机构先前的类似裁决呢？这一问题在制度上仍是空白地带。本文认为，基于仲裁的自治性和民间性，不宜有前述的类似规定。故而，在仲裁裁决撤销之诉中，面对申请人认为仲裁裁决违反同案同判法理原则的主张，各法院一概不予支持的态度，是妥当与合适的。

至于例 4 中出现的所谓从旧兼从轻法理原则，就像法院指出的那样，这一公法领域的法理原则并不适用民商事争议。这一法理原则生成的理念[④]就决定了其不可能适用于平等主体之间的民商事纠纷。

（四）违反生效判决

生效判决具有既判力，即实质上的确定力，[⑤]它对后续的裁判和裁决均有约束力。虽然目前仲裁裁决可以与之前的同类裁决不一致，但不能和既有的生效判决相冲突，因为这将极大地造成法律适用的不统一，伤及法治权威，殃及公共利益。而且实证研究亦证实，法院在这一问题上是立场统一、毫不含糊的，适用公共利益条款来旗帜鲜明地反对仲裁裁决违反生效判决（无论民事还是刑事）。详见下表。

---

① 参见陈景辉：《同案同判：法律义务还是道德要求》，载《中国法学》2013 年第 3 期。

② 参见《江苏省高级人民法院关于建立类案强制检索报告制度的规定（试行）》（2020 年 7 月 14 日第 17 次审判委员会全体会议讨论通过）。

③ 参见徐子良：《地方法院在司法改革中的能动性思考——兼论区域司法环境软实力之提升》，载《法学》2010 年第 4 期。

④ 参见［奥］凯尔森：《法与国家的一般理论》，沈宗灵译，中国大百科全书出版社 1996 年版，第 47 页。

⑤ 参见杨秀清：《民事诉讼法》，中国政法大学出版社 2018 年版，第 326 页。

表6 违反生效判决

序号	裁定书	申请人理由	法院态度与理由
1	浙江省嘉兴市中级人民法院（2009）浙嘉民再字第5号民事裁定书	与已生效刑事判决冲突	支持。仲裁裁决与两份刑事判决的内容相冲突，有保护犯罪、扩大犯罪成果之虞
2	福建省泉州市中级人民法院（2016）闽05民特78号民事裁定书	与已生效民事判决冲突	支持。仲裁裁决与生效判决相悖，使相同案件在认定事实和适用法律上不统一

三、司法适用事由之二：三重路径

仲裁因具有一裁终局性、程序灵活性、过程保密性、裁决可执行性等特点，在商事活动中备受青睐。[①] 当然，随着个人与群体的联系越来越紧密，仲裁在高度体现和维护私人意志的同时，为避免演变成现代社会的纯粹私力救济渠道，需要引入外部公权力的监督。而公共利益恰好就是司法监督仲裁的正当性来源之一，在各国国内仲裁立法和国际仲裁公约中，普遍将其规定为撤销仲裁裁决的一项理由。[②] 循着公共利益的不同生成方式，基于我国的法律实践，在第二层次上，公共利益条款的适用事由可以从以下三重路径展开。

（一）直接侵害公众的共同利益

理论上，以直接侵害公众的共同利益为由，主张适用公共利益条款，最大的障碍在于申请人的适格问题。申请人作此主张，显然已经超越了传统私权纠纷的界限，抵牾由此产生。

目前在我国的民事诉讼框架内，当主张直接侵害公众共同利益时，有共同诉讼和公益诉讼两种类型的诉讼方式来实现申请人的适格。但在仲裁裁决撤销之诉中，由于仲裁协议的双方是独立私权主体，且仲裁裁决撤销之诉本身是作为民事诉讼的一种特别程序而存在，二者交织影响，即使实体上对公众共同利益的侵害足以证成违背了公共利益，但基本上无法在现有的民事诉

① 参见江伟、肖建国主编：《仲裁法》，中国人民大学出版社2016年版，第6页。

② 参见李梦园、宋连斌：《论社会公共利益与商事仲裁的司法监督——对我国法院若干司法实践的分析》，载《北京仲裁》2006年第1辑，法律出版社2006年版，第76页。

讼程序内得以顺利实现。这一困境的解决与突破，有待未来针对性的立法改进方案。囿于篇幅，本文不再对此展开叙述。

表 7　直接侵害公众的共同利益

序号	裁定书	申请人理由	法院态度与理由
1	四川省乐山市中级人民法院（2014）乐民特字第5号民事裁定书	侵害岷江东岸所有居民的利益，以改造棚户区之名，行商业开发之实	不支持。仲裁裁决是依据合同约定要求一方当事人履行合同义务，无涉社会公共利益
2	北京市第二中级人民法院（2017）京02民特276号民事裁定书	裁决停止使用“钓鱼台·美高梅”标识，侵害数百户业主利益	不支持。无事实依据
3	四川省巴中市中级人民法院（2019）川19民特3号民事裁定书	涉案小区业主至今均未拿到房屋产权证书	不支持。仲裁裁决仅涉及当事人双方的个人利益，无涉公共利益
4	河北省石家庄市中级人民法院（2019）冀01民特167号民事裁定书	涉案工程质量存在严重安全隐患，仲裁庭却认定工程中的裂缝不存在质量问题	不支持。系实体裁决问题，仲裁庭根据需要有权决定是否对专门性问题进行鉴定
5	北京市第四中级人民法院（2020）京04民特109号民事裁定书	工程偷工减料、存在严重质量问题	不支持。系实体裁决问题，不属于本院审查范围

上表充分证实了前述理论上的分析与司法实务中的现状是基本吻合的。对于申请人的此类主张（直接侵害公众的共同利益——违背公共利益），法院都未给予支持。

具言之，在仲裁裁决撤销之诉中，申请人以直接侵害公众共同利益为由，主张适用公共利益条款的情形主要有两种：一种是认为裁决侵害了某一居住区内全体居民的共同利益，另一种是认为裁决会导致工程质量存在问题从而危害公众安全。法院或是继续走“系仲裁实体裁决问题”的老路，或是明确指出人数上公众性的缺乏，提出仲裁裁决和撤销之诉的双方均是平等私权主体，不能以直接侵害公众共同利益为由主张公共利益受到侵害。其实，无论法院的上述理由恰当与否，在现有机制下，申请人均无法通过仲裁裁决撤销之诉的框架来实现这一主张（尽管仲裁裁决的确可能有违公共利益），唯有适格主体另行提起共同诉讼或公益诉讼才可以在一定程度上代劳。

（二）导致国有财产的巨大损失

因商事活动的特殊性，交易安全的维护显得更为重要和彻底。如果试图从国有财产损失出发，借由国家利益进而证成公共利益受损，从而逆向否定正常的市场交易规则和秩序，须有较为严苛的条件。本文认为，这一条件可从两个维度把握：其一，结果要件，仲裁裁决确为错误，且司法不予纠正便将造成巨大的国有财产损失；其二，行为要件，之所以造成前述结果，行政机关或国企的交易对手对此亦有过错。易言之，如果损失结果主要是由于行政机关或国企的内部人员工作失误或决策失误而导致的话，原则上不应允许其事后借公共利益条款来补救。如若不严格认定这些条件，将造成行政机关和国企在平等的商事交易中处于过分的优越地位。

表8 “导致国有财产的巨大损失”之一

序号	裁定书	申请人理由	法院态度与理由
1	海南省海口市中级人民法院（2017）琼01民特35号民事裁定书	仲裁裁决明显错误将导致国有财产损失	支持。被申请人未支付相应的土地出让金的情形下，仲裁裁决国土局支付土地使用权补偿款，将使国有资产遭受损失

事实上，除表8所列的极少数如前文所述可以证成公共利益的情况，在越来越强调维护和健全市场交易规则来优化营商环境的当下，[①] 多数案例（见下文的表9、表10）其实更能起到的是一种警醒作用。

表9 “导致国有财产的巨大损失”之二

序号	裁定书	申请人理由	法院态度与理由
1	贵州省贵阳市中级人民法院（2016）黔01民特177号民事裁定书	被申请人偷税税额巨大	不支持。经审查，仲裁裁决未损害社会公共利益
2	北京市第四中级人民法院（2020）京04民特284号民事裁定书	仲裁裁决将导致国家正常税收严重减少	不支持。有相关的行政机关监督管理

① 参见石佑启、陈可翔：《法治化营商环境建设的司法进路》，载《中外法学》2020年第3期。

首先，针对申请人从影响国家税收的角度来论证违背公共利益的情形，无论申请人究竟是否真的在关心税务机关，至少还可以勉强视为比较合理的申请理由，所以本文将其单独列为一类，与表10区分开。当然，所谓偷税漏税的理由自然是无法成立的，例2中法院的“有相关的行政机关监督管理”一言直指要害，说理简洁、恰当、明确。即使存在税务机关行政不作为的情况，也有行政诉讼等公法救济渠道。

表10 “导致国有财产的巨大损失”之三

<table>
<tr><th>序号</th><th>裁定书</th><th>申请人理由</th><th>法院态度与理由</th></tr>
<tr><td>1</td><td>陕西省西安市中级人民法院（2018）陕01民特279号民事裁定书</td><td>项目资金中有交通部补助和陕西省政府投资，仲裁庭肆意让案件进入鉴定程序，以鉴代审，增加项目投资</td><td>不支持。项目资金来源的构成，不足以证明仲裁裁决违背社会公共利益</td></tr>
<tr><td>2</td><td>四川省成都市中级人民法院（2018）川01民特219号民事裁定书</td><td>安置房工程使用的是国有资金，仲裁庭采信的结算文件与实际存在巨大差距</td><td rowspan="3">不支持。系平等主体之间的民事权利纠纷，无涉公共利益</td></tr>
<tr><td>3</td><td>四川省成都市中级人民法院（2018）川01民特274号民事裁定书</td><td>水利水电公司系国有企业，案涉工程是重点民生工程，关系到公共利益，仲裁裁决导致国有资产流失</td></tr>
<tr><td>4</td><td>广东省广州市中级人民法院（2018）粤01民特386号民事裁定书</td><td>妇幼保健院属于财政补助二类公益事业单位，现因专项审计报告未出，向被申请人支付仲裁裁决的相关费用可能导致国有资产流失</td></tr>
<tr><td>5</td><td>安徽省蚌埠市中级人民法院（2018）皖03民特7号民事裁定书</td><td>作为政府全资设立的有限公司，在民事活动中承担不应当承担的责任必然造成国家损失</td><td>不支持。申请人虽系国有控股的有限责任公司，但具有独立法人资格，具有相应的民事权利能力和民事行为能力，不宜将其管理的国有资产利益等同于社会公共利益</td></tr>
</table>

续表

序号	裁定书	申请人理由	法院态度与理由
6	安徽省安庆市中级人民法院（2018）皖08民特14号民事裁定书	建设工程系由政策性专项资金、土地出让收入和财政拨款建设的公益项目，裁决潜山开发区管委会承担巨额违约责任有损公共利益	不支持。系潜山开发区管委会应尽的合同法律义务
7	广东省广州市中级人民法院（2019）粤01民特1518号民事裁定书	涉案工程是财政全额拨付的工程，未经法定的审计程序即裁决立即支付古赤货款，损害社会公共利益	不支持。系实体裁决问题
8	重庆市第一中级人民法院（2019）渝01民特167号民事裁定书	工程竣工结算款应以审计局审定结果作为最终的依据，仲裁庭错误的裁决将导致国有资产严重流失	不支持。仲裁裁决裁定国有企业承担相应法律责任，并非只造成了国有资产的流失，即使有国有资产流失也不等于违背社会公共利益

表10所列的诸多案例所持理由都是无法证成违背公共利益的。

例1、2、4、6、7、8反映了同一类问题，即部分行政机关在参与建设工程项目时，没有认清己方此时在交易结构上与对方处于平等地位。当其参与商事交易时，无论项目性质如何，无论资金来源如何，实体问题上都应与对方当事人（商事主体）一样受到法律的平等对待与保护。具体而言，可从两个层次切入。

其一，行政机关不能仅以损失国有资金为由，在仲裁裁决撤销之诉中请求法院适用公共利益条款来特别保护自己。市场经济的内涵就要求国有资金和民营企业资金平等竞争，这也是进一步优化营商环境的题中之义。此情形下，申请人应看淡资金的国有色彩。如欲采取补救措施来减少资金损失，在有正当理由的情况下，应与民营企业一样，寻求民商法上给平等主体提供的其他法律救济路径，而不是动辄把公共利益条款作为护身符。值得特别指出的是，例8中法院的一段说理："仲裁裁决裁定国有企业承担相应法律责任，并非就造成了国有资产的流失，即使有国有资产流失也不等于违背社会公共利益"，明确否定了长期以来部分行政机关和国有企业存在的错误思维：把国有资金在商事交易中的损失，不问青红皂白、谁是谁非，一概认为等同于国有资产流失，等同于公共利益遭到侵害。

其二，不能以尚未经过审计机关核算为由，进行与第一点相同的主张。既然行政机关 / 国企选择作为民商事主体来参与市场交易，就要在各方面跟上市场交易的要求。如果对方当事人能够在合理期间内完成资金的核验，为什么自己就不能？此时恰恰应该反思的是如何优化相关行政程序流程，减少拖沓。

（三）造成不良的社会示范效应

公共利益除了可以是利益衡量时所面对的现实利益之外，还可以是利益衡量时所追求的未来目标，即未来利益。在仲裁裁决撤销之诉中，申请人最常见的类似主张便是认为裁决会造成不良的社会示范效应，从而违背社会公共利益。实践中出现的这些理由会让法官认可吗？且看司法适用情况。

表 11　造成不良的社会示范效应

序号	裁定书	申请人理由	法院态度与理由
1	湖南省长沙市中级人民法院（2016）湘 01 民特 102 号民事裁定书	仲裁裁决变相鼓励开发商与其办理国土证还不如支付低额违约金	
2	四川省遂宁市中级人民法院（2019）川 09 民特 15 号民事裁定书	仲裁裁决采信被申请人通过行贿获得的鉴定报告，实际上是鼓励当事人通过违法犯罪行为获取利益，有损公序良俗	不支持。未违背社会公共利益
3	陕西省西安市中级人民法院（2020）陕 01 民特 98 号民事裁定书	仲裁认定合同有效，助长违法出借和滥用行业资质行为	
4	重庆市第一中级人民法院（2017）渝 01 民特 687 号民事裁定书	仲裁裁决助长不合格建筑产品和专利产品的生产与流通	
5	福建省福州市中级人民法院（2019）闽 01 民特 163 号民事裁定书	仲裁裁决混淆了买卖合同和使用权转让合同的性质，易使当事人对其市场参与行为所产生法律后果的预判出现混乱，形成不良的社会指引作用	不支持。系平等主体之间纠纷，无涉社会公共利益
6	北京市第四中级人民法院（2020）京 04 民特 237 号民事裁定书	仲裁裁决解除合同、返还基金投资款的执行，将导致上游被投标的、中游私募基金行业、下游广大投资者陷于权利不可预期状态，导致整个金融秩序的混乱	

续表

序号	裁定书	申请人理由	法院态度与理由
7	湖南省长沙市中级人民法院（2018）湘10民特19号民事裁定书	导致其他房产开发商和购房人纷纷效仿虚构首付以骗取银行贷款，破坏金融信贷秩序	不支持。举证不足以认定损害了社会公共利益
8	江西省南昌市中级人民法院（2019）赣01民特58号民事裁定书	与国家倡导推进高等职业学校与社会第三方的校企合作、产教融合、资源共享的法规和政策相悖	不支持。经审查，仲裁裁决合同无效，并未给江西高校与社会第三方正当的校企合作造成不利的负面影响

由上表可知，在司法实践中，不同法院乃至是同一法院在不同时间的立场都颇有不同。例1至例3中，面对仲裁裁决造成不良社会示范效应的申请人主张，法院直接表态这一理由完全与公共利益无涉，显然是未认识到未来利益亦可以成为公共利益。例4至例6中，法院则是以此系平等主体之间的私权纠纷来判定无关公共利益，这一理由在前文已经有详细论述，它是无法证成的。公共利益要求的是会给公众造成影响，而不是要求法律关系必须发生在不特定多数人之间。至于例7和例8，法院则依据申请人的主张，适用公共利益条款对仲裁裁决进行了司法审查，本文认为这一立场较为恰当。尽管其最终都未支持申请人主张，但并不是因为法院拒绝实质审查，而是在司法审查过程中，申请人的举证都不足以证明公共利益受损（仲裁的保密性在一定程度上减弱了所谓的社会示范效应）。

四、公共利益条款司法适用事由重述与现象反思

（一）适用事由重述

在我国，仲裁司法监督是从外部进行的公权力监督，具体表现为确认仲裁协议效力、撤销仲裁裁决、不予执行仲裁裁决三个方面，其中，撤销之诉是学界关注和研究的重点。[①] 本文从公共利益条款司法适用的角度来关注仲裁裁决撤销之诉，从233份裁定书中初步抽象出了两大类、七小类的适用事由。

① 参见张卫平：《仲裁裁决撤销程序的法理分析》，载《比较法研究》2018年第6期。

但要形成体系化的裁判规则以对应关联的适用事由，还需要对其背后的体系脉络进行理论梳理。

首先，这些事由在满足一定条件时，都存在从各个角度证成违背公共利益的可能性。[①]但实践中的真实案例与看似完美的理论推演相比，总会出现或多或少的瑕疵，从而难以完全举证证明违背公共利益，导致无法获得法院的支持。

其次，本文第二部分剖析的四项具体情形，整体上都立足于“法律代表着公共利益”这一出发点。第一项“违反法律规则”中，“法律”意涵宽泛又具体。“宽泛”指的是其外延至少可以扩至国务院颁布的行政法规，至于行政规章可否借由公共利益条款进入私法领域，有待最高司法机关的某种适度控制。[②]“具体”指向的则是对法律具体规则之违反，更进一步的，是指违反效力性强制性规定。第二项是“违反基本原则”，私法的基本原则在实证法上基本均有支持，对立法和司法有着制约和把控的根本性作用，违反基本原则的严重程度与违反效力性强制性规定基本无异。但之所以要将其与第一项事由加以分列，乃是因为法律没有对基本原则的具体内涵进行明确规定，很大程度上依赖于学理阐释。第三项是“违反法理原则”，单列出来的原因是法理原则常常缺乏实证法的明文规定，但对法律的整体和边界有着指引和统摄的影响。[③]第四项是“违反生效判决”，则体现了对统一适用法律和捍卫法治权威的价值维系。综上可知，第一大类的四项情形，在背后的生成机理上，都与“法律”这一定义有着千丝万缕的直接联系。

最后，本文第三部分剖析的三重演进路径，有着一个共同的关键词——“利益”。如果说第一大类的四项情形系违反法律的多层体系，那第二大类的三重路径则是公共利益的不同演进。第一重路径是“直接侵害公众的共同利益”，第二重路径是“导致国有财产的巨大损失”，第三重路径是“造成不良的社会示范效应”，在实证研究梳理的过程中，如何体系化地抽离出这三者背

① 七项事由中，目前尚未出现法院支持撤销或据以进行公共利益实质审查的是“违反法理原则”和“直接侵害公众的共同利益”两项事由。但正如前文分析，该两项事由在理论上都有可能证成对公共利益之违背，只不过，“违反法理原则”在实务中还未出现说服力足够强的案例，“直接侵害公众的共同利益”因为对申请人资格的“高要求”，在现行仲裁裁决撤销之诉的机制中还无法得以顺利实现。

② 参见李建伟:《行政规章影响商事合同效力的司法进路》，载《法学》2019 年第 9 期。

③ 参见梁迎修:《权利冲突的司法化解》，载《法学研究》2014 年第 2 期。

后的逻辑关系，避免研究的碎片化，是一难题。本文发现，借鉴从共同利益、国家利益、未来利益三者向公共利益演化的观点，[①] 可以很好地解释上述三种实践现象。

综上分析，从司法适用实践中体系化地抽象出的七种具体事由，按照两大类的标准划分后便可发现各自之间共同的机理联系。如此，仲裁裁决撤销之诉中公共利益条款的适用事由构造如下图所示。

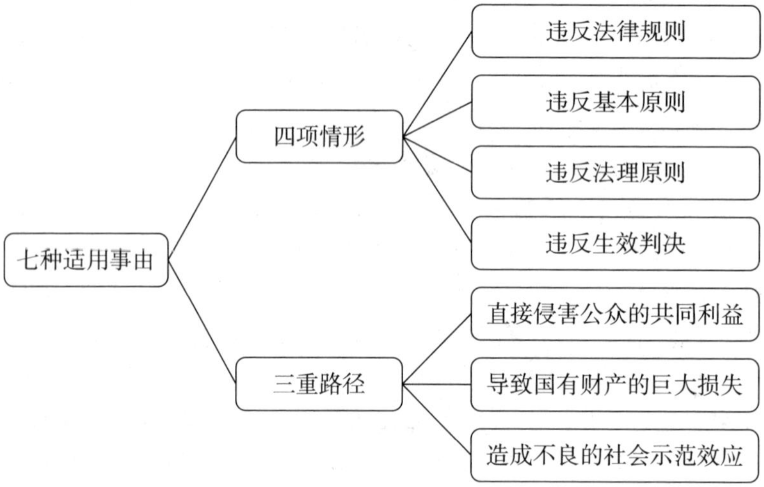

图1　司法适用事由的体系化构成

（二）现象反思：公共利益条款的滥用与不敢用

如果作单纯的理论预测，很容易推理出仲裁裁决撤销之诉的公共利益条款在25年的司法实践中，有极大的滥用风险。然而，实证研究表明，结论并非如此。且不论滥用，就连正常使用公共利益条款对仲裁裁决进行实质审查，进而裁定撤销的情况都很少发生。背后的机理是什么呢？经过笔者的调查了解，有了初步的答案。不少中院法官在处理仲裁裁决撤销之诉时，潜意识里往往都有裁定不撤销的念头。申请人如果要打消这一法官的想法，要承担更重的举证责任。不少法官直陈自己在审理案件时会不自觉地将像公共利益条款这样的兜底性条文束之高阁、摆上神坛，绝不轻易触碰。因为不少法官认为，

① 参见梁上上：《公共利益与利益衡量》，载《政法论坛》2016年第6期。

与其为追求更高限度的个案正义而顶着滥用公共利益条款、滥用司法权的广泛质疑，还不如避开这类条款，实现低限度的公平正义，有时还能不经意间收获司法谦抑的美名与赞誉。

发掘和发现公共利益条款被法官群体不敢用的司法现状，或许就是进行实证研究的另一层价值所在。唏嘘之际，也充满无奈之感，因为有时候我们也失去了质问法官“你为什么不够勇敢”的勇气。因此，在约束自由裁量权、强化司法责任制的同时，如何应对公共利益条款从滥用的担忧走向不敢用的困境这一局面，如何防范“兜底条款僵尸化”的现象，是一个亟待后续深入研究的新课题。

五、结语

2018年12月31日，中共中央办公厅、国务院办公厅印发的《关于完善仲裁制度提高仲裁公信力的若干意见》，明确提出“完善司法支持监督机制”。作为仲裁司法监督机制中的重要一环，[①] 仲裁裁决撤销之诉的良善运行倍受关注。

在仲裁裁决撤销之诉中，基于审判实务的实证研究，从样本案例提供的诸多事由中去芜存质，不断上溯分析、抽象剥离公共利益条款的司法适用事由，进而尝试为法官今后审理相关案件时提供适用该条款的实践参考，正是本文所期许实现的价值与目的。

违反法律规则、违反基本原则、违反法理原则、违反生效判决，这四项情形理论上都可以证成对公共利益的违背，尽管会有一些限制：比如，违反法律规则应当限于对效力性强制性规定的违反；再如，由于法理原则的纷繁复杂，需要参考前文分析逻辑，对法理原则进行个案检视是否违背公共利益。此外，实践中法律关系的发生通常不会完全按照理论推演的逻辑展开，总会存在或多或少的瑕疵。如此，当申请人提出相关主张，法官不妨按如下顺序思考：（1）申请人举证是否让自己对仲裁裁决违背公共利益产生合理怀疑？（2）如果有，则法官应适用公共利益条款，决定对案涉仲裁裁决进行实质审查。（3）审查过程中，结合申请人举证，就裁决是否违背公共利益、是否需要撤销等问题做出判断。当然，由于公共利益条款本身设置的特殊性，即使申请人不主张，法官亦可依职权对涉嫌违背公共利益的仲裁裁决进行审查。

---

① 参见黄进、宋连斌、徐前权：《仲裁法学》，中国政法大学出版社2008年版，第208页。

直接侵害公众的共同利益、导致国有财产的巨大损失、造成不良的社会示范效应，此三重路径，与前述四种情形的适用方法一致，不再重复。

正如本文第一部分提及的前提性共识所指出的那样，公共利益的概念具有模糊性和开放性，“被视为社会秩序的底线或行为规范的基本要求”①。而仲裁裁决撤销之诉中又确立了公共利益条款，从这个意义上说，对该条款的司法适用研究还远未结束。因为随着时间的变迁，公共利益的意涵会愈加丰富，司法适用的情形会愈加复杂。本文至多只能算站在 2020 年这个特殊的时间节点上所进行的阶段性努力。一方面，可以在法官之后碰到此前已经出现过的类似情形时，就条款的法律适用问题给其提供参考和借鉴；另一方面，也可以为后续对该条款的司法适用研究，提供有益启示和批判素材。此二者目标若能一定程度上达成，即为已足。

---

① 参见张卫平:《仲裁裁决撤销事由的解析及调整》，载《经贸法律评论》2018 年第 1 期。

论作为私人实施方式的反垄断民事纠纷仲裁

吴佩乘 *

● **摘 要**

仲裁能否成为反垄断民事纠纷的解决方式在我国颇具争议，作为反垄断主要司法辖区的美国和欧盟相继在20世纪承认了反垄断纠纷的可仲裁性，实现了从抵触到支持反垄断仲裁的政策转变。反垄断民事纠纷从特征上符合我国仲裁法实践中的可仲裁性标准，但只有部分垄断协议和滥用市场支配地位纠纷以及和垄断相关的合同纠纷可以适用仲裁程序。法院可对仲裁裁决是否限制竞争进行司法审查，竞争执法机构对反竞争行为也可展开独立调查。"飞跃上诉"背景下，对于垄断纠纷可仲裁性的审查应由法院内仲裁司法审查部门处理，而基于公共政策标准审查的案件向最高人民法院知识产权法庭报核更为适宜。

● **关键词**

反垄断法　仲裁　可仲裁性　私人实施

---

* 吴佩乘，上海交通大学凯原法学院博士研究生，澳大利亚新南威尔士大学法学院博士学位候选人。研究方向：竞争法、知识产权法等。本文系国家留学基金管理委员会"国家建设高水平大学公派研究生项目"（项目号：201906230145）和国家社科基金青年项目"大数据条件下反垄断法遇到的挑战与制度因应研究"（项目号：20CFX057）的阶段性成果。

本文的写作得到了袁波、方翔、史晓宇、尤子宜等师友的指教，特致谢忱，然文责自负。

Abstract: Whether arbitration can be a solution to anti-monopoly civil disputes is quite controversial in China. The United States and the European Union, the main jurisdictions of antitrust, have acknowledged the arbitrability of antitrust disputes in the last century, realizing the policy transition from opposing to supporting antitrust arbitration. Anti-monopoly civil disputes are characteristically in line with the arbitrability standards in the practice of China's arbitration law, but only disputes of certain monopoly agreements and disputes over abuse of market dominance, as well as contract disputes related to monopoly can be subject to arbitration procedures. The court may conduct judicial review on whether arbitral awards restrict competition, and competition enforcement agencies may conduct independent investigations of anti-competitive behaviors. In the context of the so-called "Leap Appeal", the review of the arbitrability of monopoly disputes should be handled by the arbitration judicial review department in the court, and cases reviewed based on public policy standards are more appropriate to report to the Intellectual Property Court of the Supreme People's Court.

Key Words: anti-monopoly law, arbitration, arbitrability, civil enforcement

一、问题的提出：两起“壳牌”案映射出的“同案不同判”

自2008年《反垄断法》正式实施以来，我国在反垄断执法和司法领域取得举世瞩目的成就，一跃成为与美国和欧盟并列的全球反垄断三大司法辖区。实践中，以反垄断执法机构牵头的行政执法和以法院为裁判机构的民事诉讼构成了反垄断法实施的主要方式。近些年反垄断仲裁纠纷不断涌现，成为除上述两种实施方式外又一重要的争议解决方式。可囿于实体法律规则阙如，仲裁在反垄断法私人实施中的定位始终模糊不清，由此产生一系列法律适用难题。例如，在2019年审结的两起涉及壳牌公司的管辖权异议案件中，对于反垄断民事纠纷是否能够适用仲裁程序，北京高院和最高人民法院作出了截然相反的裁判，凸显了我国反垄断仲裁的尴尬处境。

案例 1：在昌林公司诉壳牌公司案[①]中，昌林公司作为壳牌公司在山西地区的经销商，以壳牌公司滥用其在大陆地区工业润滑油经销服务市场的支配地位，对昌林公司造成垄断侵权为由向法院提起反垄断民事诉讼。壳牌公司则认为根据其与昌林公司间经销商协议中约定的仲裁条款，该案应当提交仲裁解决。北京高院认为该案争议属于经销商协议的仲裁条款范围，被诉垄断侵权行为实质属于履行协议而产生的纠纷，应当提交仲裁解决。

案例 2：在汇力公司诉壳牌公司案[②]中，汇力公司同样作为壳牌公司在内蒙古自治区的经销商，以壳牌公司从事横向垄断协议为由向法院提起垄断侵权之诉。最高人民法院在二审中认为，《反垄断法》具有明显的公法性质，该案争议不再限于仲裁所要求的平等主体间的财产权益纠纷，垄断民事争议也因此不属于仲裁法规定的可仲裁范围。

上述两案在当事人、案件性质及裁判时间上都具有极高的相似性，然而裁判结果却大相径庭。特别是在案例 2 中，最高人民法院通过个案明确提出了垄断民事纠纷不可仲裁的观点，这势必对今后各级法院的类案审查产生影响。[③]我国法学界目前对该问题的研究多是借鉴其他法域的反垄断仲裁实践，进而肯定垄断纠纷仲裁的实施可能性。[④]然而在当前多元化纠纷解决机制越发受到重视的当下，对于反垄断纠纷可仲裁性的整体研究仍止步于可能性和比较法的借鉴意义，尚无体系化的制度构设。鉴于仲裁和反垄断法具有两种截然不同的法律背景，本文先行论述仲裁作为反垄断法私人实施方式的一般关系，进而分析反垄断民事纠纷基于中国法情景的可仲裁性问题。在此基础上，本文提出仲裁应当作为我国反垄断法私人实施的一种方式，并对具体实施中

---

① 昌林公司诉壳牌公司滥用市场支配地位纠纷案，北京市高级人民法院（2019）京民辖终 44 号民事裁定书。

② 汇力公司诉壳牌公司横向垄断协议纠纷案，最高人民法院（2019）最高法知民辖终 47 号民事裁定书。

③ 仲裁实践中，最高人民法院对仲裁处理的态度至为重要。有学者指出，最高人民法院采取的一系列措施起到了弥补仲裁法律缺陷的作用，对中国仲裁发展有积极作用。See Kun Fan, "Supreme Courts and Arbitration: China", *Belgian Review of Arbitration*, 587–613 (2019).

④ 参见杜新丽：《从比较法的角度论我国反垄断争议的可仲裁性》，载《比较法研究》2008 年第 5 期；丁国峰：《美国反垄断法可仲裁性及其对我国的启示》，载《中国工商管理研究》2010 年第 11 期。

可能出现的问题提出对策和建议。

二、仲裁构成反垄断法私人实施的组成部分

仲裁不仅是我国法律明确规定的多元化争议解决方式的一种，也是国际通行的非诉争端解决机制。相较于行政执法或法院司法而言，仲裁具有高效、专业、一裁终局等特点。在国际层面，《承认及执行外国仲裁裁决公约》（《纽约公约》）目前已有包括我国在内的160个缔约国，[①]这意味着相较于其他争端解决方式，仲裁裁决能够在全球范围绝大多数司法辖区内得到承认和执行，仲裁也因此成为跨国商事纠纷最主要的解决途径。

学界历来对《反垄断法》的性质争议颇多。在法国等民商分立的大陆法系国家，反垄断规则是规定在《商法典》中作为商事规范存在的。[②]而美国等普通法系国家则一般通过单行立法和相关判例建立反托拉斯法等独立的法律规制体系。《反垄断法》的实施方式包含了公共实施和私人实施两种形态。有经济法学者提出："私人实施和公共实施共同构成反垄断法实施的两根柱子。"[③]私人实施指的是社会组织和个人为实现及维护民事权益通过行使私人权利实施法律。[④]美国反托拉斯法主要依靠私人实施方式进行，只有在私人没有足够的激励实施时竞争执法机关才会介入。[⑤]欧盟竞争法的实施和我国更相似，欧盟委员会可以主动引导竞争法的公共实施并作出处罚决定，同时允许私主体寻求因垄断行为造成损害的民事救济。

我国《反垄断法》明确规定国务院反垄断执法机构主导该法的公共实施，并为私人实施提供了法律依据。《反垄断法》第50条规定："经营者实施垄断行为，给他人造成损失的，依法承担民事责任。"最高人民法院在案例2中认为，对是否构成垄断的事项，反垄断法明确规定了行政执法和民事诉讼两种方式，并未明确规定仲裁方式。这种论断显然过于草率，即使从文义解释角

---

① 数据时间截止至2019年7月19日。《巴布亚新几内亚独立国成为〈纽约公约〉第160个缔约国》，http://ac.nanjing.gov.cn/zczx/gzdt/201907/t20190724_5929190.html，最后访问时间：2019年7月24日。

② 《法国商法典》第L.420–1条和第L.420–2条分别规定了禁止垄断协议和禁止滥用市场支配地位。

③ 李国海：《反垄断法实施机制研究》，中国方正出版社2006年版，第257页。

④ 参见赵红梅：《经济法的私人实施与社会实施》，载《中国法学》2014年第1期。

⑤ Douglas H. Ginsburg, "Costs and Benefits of Private and Public Antitrust Enforcement: An American Perspective", *Competition Law and Economics*, chapter 5 (2010).

度考察,《反垄断法》明确因垄断行为给他人造成损失的行为人应当承担民事责任，但并未规定必须通过诉讼渠道。从我国立法惯例看，仲裁作为纠纷解决的私人实施方式已经被《仲裁法》和《民事诉讼法》予以确认，任何一部单行实体法（甚至包括传统意义上纯粹私法）都没有再将仲裁解决纠纷单独列出,《反垄断法》自然也不可能例外。国际仲裁实践对反垄断民事纠纷仲裁的态度经历了从不接受到接受再到鼓励支持的演变。作为两个最主要的反垄断司法辖区，美国和欧盟分别于 20 世纪 80 年代和 20 世纪 90 年代以案例承认了反垄断仲裁作为私人实施方式的法律地位。值得一提的是，经济合作与发展组织（OECD）的报告指出，仲裁很有可能成为实现竞争政策极为重要的私人实施手段。①

三、反垄断民事纠纷的可仲裁性之证立

研究竞争实体法的学者很少会将反垄断和仲裁联系起来，英国学者布里奇曼在论及两者关系时形象地将其称为“两种黑色艺术的会面”。②尽管仲裁是一种纠纷解决的途径，但并非所有争议都可以提交仲裁处理，可仲裁性解决的就是纠纷能否通过仲裁途径解决的问题。③

（一）可仲裁性的内涵与判断

可仲裁性是一个纯粹的国内法问题，各司法辖域都有权根据本地区的情况界定可仲裁性标准，这也为《纽约公约》明确承认。④有学者根据各国立法将可仲裁性标准区分为以下四种类型:（1）可和解性标准。即以当事人可否自由处分所涉争议标的为界定标准。（2）“商事”标准。即如《纽约公约》第 1 条规定:“依提出声明国家之国内法认为系属商事关系者，始适用本公约。”（3）财产利益标准。该标准与可和解性标准相似，即当事人能够自由处分所涉财产利益。（4）公共政策标准。即以争议是否违反一国的公共政策作为判断标准。⑤

---

① *Arbitration and Competition* 2010, OECD Secretariat of the Competition Committee, DAF/COMP (2010) 40: 7.

② James Bridgeman, “The Arbitrability of Competition Law Disputes”, 19 *European Business Law Review*, pp.147–174 (2008).

③ 参见曹志勋:《论可仲裁性的司法审查标准》, 载《华东政法大学学报》2012 年第 4 期。

④ 《纽约公约》第 5 条第 2 项。

⑤ 参见孙晋、王贵:《论反垄断纠纷可仲裁性的司法考量》, 载《法律适用》2017 年第 7 期。

传统意义上的可仲裁性实质是与公共政策紧密联系的，因此也有学者称：“一项争议依据某国既定法律能否提交仲裁程序解决取决于该国法律所确定的公共政策。”[①] 但随着《纽约公约》国际商事仲裁标准逐渐为各缔约国所接受，公共政策在可仲裁性判断标准中的重要性不断被削弱，并最终成为一项与可仲裁性互相独立的、需要单独分析的仲裁考量因素。《纽约公约》第5条第2项列出了缔约国可拒绝承认和执行仲裁裁决的两种情况：该争议在当事国不具有可仲裁性或仲裁裁决有违当事国公共政策。我国《民事诉讼法》第237条和第274条汲取了《纽约公约》的精神，将“无权仲裁”和“违背社会公共利益”作为两项独立的法院裁定不予执行仲裁裁决的法定因素。[②]

我国在加入《纽约公约》时所作的商事保留声明[③] 首次明确了可仲裁性的范围，最高人民法院则进一步解释了“契约性和非契约性商事法律关系”的内涵，即由合同、侵权或者根据有关法律规定而产生的经济上的权利义务关系，但不包括外国投资者与东道国政府之间的争端。[④] 受《纽约公约》影响，我国很明显采纳商事标准作为可仲裁性的判断标准之一。在跨国争议方面，商事纠纷被认为是企业间带有经济性质的争议，[⑤] 也是国际仲裁实践中最为常见的纠纷形式。对此，我国《仲裁法》第2条亦有明文规定：“平等主体的公民、法人和其他组织之间发生的合同纠纷和其他财产权益纠纷，可以仲裁。”同时该法第3条规定涉及人身和行政关系的争议不能仲裁。可以看到，《仲裁法》进一步以法律条文的形式，从正反两个角度较为清晰地规定了可仲裁性的判断标准。最高人民法院则更为明确地指出“只要不属于我国仲裁法第三条规定的不能仲裁的争

---

① 杜新丽：《从比较法的角度论我国反垄断争议的可仲裁性》，载《比较法研究》2008年第5期。

② 司法实践一般认为，《民事诉讼法》中的“无权仲裁”和“违背社会公共利益”分别对应《纽约公约》项下的不具有可仲裁性和违反公共政策。参见《最高人民法院关于人民法院办理仲裁裁决执行案件若干问题的规定》（法释〔2018〕5号）第13条第2项和《北京市高级人民法院国内商事仲裁裁决司法审查工作要点》（京高法发〔2013〕65号）第1条。

③ 商事保留是指中国政府只允许依照我国法律属于契约性和非契约性商事法律关系的争议适用公约。

④ 《最高人民法院关于执行我国加入的〈承认及执行外国仲裁裁决公约〉的通知》（法［经］发〔1987〕5号）第2条。

⑤ Emmanuel Gaillard & John Savage, *Fouchard Gaillard Goldman on international commercial arbitration*, Kluwer Law International BV, 1999, p.34.

议，我国法院不会以可仲裁性的理由否定该仲裁裁决”。[①] 从历史解释角度考察，立法者将《仲裁法》确立的可仲裁性总结为三项原则：第一，当事人主体平等；第二，对仲裁事项当事人有处分权；第三，仲裁对象是经济纠纷。[②] 由此可见，我国对可仲裁性的判断标准是复合型的，兼具可和解性、商事和财产利益因素，但公共政策并非可仲裁性分析中需主要考察的内容。

（二）反垄断民事纠纷可仲裁性的比较法经验

从域外经验看，美国和欧盟相继通过案例确立了反垄断民事纠纷的可仲裁性。但值得注意的是，反垄断的一个重要特点为其背后包含着特定的政治和社会元素。[③] 美国和欧盟作为竞争执法比较成熟的法域，其竞争规则的社会背景和法律追求也不相同，在借鉴与采纳时需对此加以考虑。

1. 美国：逐步放开

早期美国法院对当事人协议的仲裁条款是持敌视态度的，法官们担心法院的管辖权将被仲裁过度替代。[④] 在成为《纽约公约》缔约国前，美国法院在1968年“美国安全案”（American Safety）[⑤] 中认为反托拉斯争议是不具有可仲裁特征的。法院从四个方面论述了反托拉斯纠纷不能仲裁的原因：（1）美国反托拉斯私人执行扮演的“私人检察官”角色是美国竞争经济得以持续的核心，对私人执行的控制是一项国家关切；（2）产生反垄断争议的协议很可能是不能被仲裁执行的格式合同；（3）仲裁机构不适宜解决像反托拉斯这样复杂的案件；（4）由于仲裁员普遍来自商业社会，其对于限制商业竞争的案件会本能地带有偏见。

1985年“三菱案”[⑥] 是美国反托拉斯仲裁中具有里程碑意义的案件。该案中原告三菱公司与被告Soler公司间存在包含仲裁条款的经销协议，当三菱公

---

① 罗东川、高晓力：《实现涉外仲裁有效支持 促进国际仲裁事业发展》，载《法制日报》2013年6月28日，第5版。

② 参见顾昂然：《关于〈中华人民共和国仲裁法（草案）〉的说明》，1994年6月28日在第八届全国人民代表大会常务委员会第八次会议上。

③ Eugène Buttigieg, *Competition Law: Safeguarding the Consumer Interest*, Kluwer Law International BV, 2009, p.46.

④ United States Asphalt Refining Co. *v.* Trinidad Lake Petroleum Co., 222 F. 1006 (S.D.N.Y. 1915).

⑤ American Safety Equipment Corp. *v.* J.P. McGuire & Co., 391 F.2d 821, 825 (2nd Cir. 1968).

⑥ Mitsubishi Motors Corp. *v.* Soler Chrysler Plymouth Inc., 473 U.S. 614, 628–39 (1985).

司认为Soler公司存在违约行为并要求进行仲裁时，被告则抗辩三菱公司存在《谢尔曼法》禁止的划分市场限制竞争行为。联邦第一巡回法院基于过往判例认为反托拉斯争议不可仲裁，但联邦最高法院支持了该案中的仲裁请求，并对“美国安全案”中提出的四项论点作出反驳：（1）对于所谓格式合同的理由，没有证据表明仲裁条款是基于不公平谈判的结果，除非当事人通过这项主张拒绝仲裁；（2）仲裁相对于诉讼更灵活专业，仲裁员具有专业性要求，足以处理复杂争议；（3）仲裁员不仅来自商业社会，如专业的律师也可以参加；（4）“美国安全案”中的核心观点是私人执行的重要地位，而仲裁庭总的来说还是在国内法框架下依法处理争议。

“三菱案”变革的一个重要原因是基于案件存在国际仲裁的因素，该案中协议约定的仲裁条款是由合同产生的一切争议都将遵循日本商事仲裁组织的程序和规则。联邦最高法院认为即使同样的争议在国内可能会有相反的结论，但出于国际礼让、对外国仲裁庭的尊重和对商事争议解决体系稳定性考虑，也可以允许国际反垄断仲裁。“三菱案”作为一项“实验”动摇了法院对仲裁的本能敌视，[①] 也遗留下国内反垄断争议是否可仲裁的疑问。但很快美国法院就将“三菱案”的结论正式运用在纯粹国内案件中。[②]

2.欧盟：间接认可

以大陆法系国家为主要构成的欧盟对竞争法仲裁的态度更为谨慎。“三菱案”十余年后，欧盟法院（ECJ）对Eco Swiss案[③] 的先决裁决（preliminary ruling）体现了联盟层面对竞争法仲裁的态度。

荷兰Benetton公司与中国香港Eco Swiss公司、美国Bulova公司间缔结有许可协议，约定Benetton公司授权两者生产冠名的钟表并在特定区域销售，许可期为8年，合同约定产生的争议适用仲裁解决。合同期限到期前3年，Benetton单方终止了许可协议并由此产生纠纷，仲裁庭对Benetton公司的违约行为做出了裁决。在荷兰国内诉讼阶段，Benetton公司申请撤销仲裁裁决，当事人就该案中涉及划分销售市场的许可协议是否违反欧盟竞争法以及仲裁

---

① Richard C. Levin，“On Arbitration of Competition/Antitrust Disputes：a Tribute to Mitubishi”，Vol 73（4）*Dispute Resolution Journal*，39- 40（2018）.

② Gilmer *v*. Interstate/Johnson Lane Corp.，500 U.S. 20（1991）.

③ Case C-126/97，Eco Swiss China Time Ltd. *v*. Benetton International.

能否被撤销产生争议，由于案情有关对欧盟条约的解释，该案被提交给欧盟法院进行先决裁决。

欧盟法院在该案中并未直接论述反垄断民事纠纷的可仲裁性，相反其明确指出欧盟竞争法是欧洲社会和统一内部市场的基础，《罗马条约》第 85 条[①]应当被认为是《纽约公约》项下的公共政策。同时，欧盟法院指出在符合成员国国内程序法要求的情形时，成员国法院有权对违背国内公共政策的裁决予以撤销。多数欧盟学者都认为该案间接反映即使竞争法具有公共政策属性，竞争法案件也是可仲裁的。[②]欧盟法院的态度促进了欧洲反垄断仲裁活动，如 1999 年《瑞典仲裁法》就规定："仲裁员可以就当事人间涉及竞争法的民事争议进行裁决。"法国、瑞士、英国等国和 ICC 也在案件中肯定反垄断案件的可仲裁性。[③]

（三）我国法院对反垄断纠纷可仲裁性的审查标准

我国尚未出现对外国反垄断仲裁在中国进行司法审查的案例，实践中出现的多为当事人对垄断纠纷是否应当仲裁的管辖权异议案件。除案例 1 和案例 2 外，被称为反垄断仲裁首案的嵩旭诉三星案[④]也颇具典型意义，本文将对三起案件裁判理由进行分析，以此说明我国目前司法实务对反垄断纠纷可仲裁性的审查标准。[⑤]

嵩旭公司作为三星公司的经销商，向法院起诉三星公司实施了垄断侵权行为，三星公司基于和嵩旭公司间《经销协议》约定的仲裁条款，主张法院对该案无管辖权。江苏高院二审认为该案不能通过仲裁解决，并给出了三个理由：首先，《反垄断法》和最高人民法院司法解释仅对民事诉讼途径救济作出规定，且诉讼管辖有特定级别和地区限制。其次，反垄断法具有公法性质，公共政策是我国考量可仲裁性的必要因素，法律对垄断纠纷的仲裁救济没有

① 现演变成《欧盟运行条约》第 101 条关于横向垄断的规定。

② Niccolò Landi & Catherine A. Rogers, "Arbitration of Antitrust Claims in the United States and Europe" 4 *Bocconi Legal Studies Research Paper* No. 07–01（2007）.

③ 早在 Eco Swiss 案之前，部分案件中就已经对竞争法仲裁持肯定态度。例如，ICC 曾指出："没有任何理由表明为何仲裁庭无权处理滥用市场支配地位案件。" See ICC Proceedings no 7673,（1993）.

④ 嵩旭诉三星垄断纠纷案，江苏省高级人民法院（2015）苏知民辖终字第 72 号民事裁定书。

⑤ 笔者对"中国裁判文书网"公开案件进行搜索，除文中提及的三起案件外，另有（2015）深中法知民初字第 1089 号民事裁定书涉及反垄断仲裁，但该份文书说理简单，故未纳入分析范畴。

明确规定。最后，案件纠纷涉及公共利益，突破了合同约定。前文已有述及，最高人民法院将反垄断法的公法属性作为否定反垄断民事仲裁的主要因素。此外，最高人民法院还认为只要当事人间的争议包含不属于合同纠纷和其他财产权益纠纷的因素，法院就具有案件管辖权。北京高院在案例1中认为滥用市场支配地位行为与《经销商协议》下的特许销售权利义务密不可分，应属于可仲裁范围。上述三起案件反映出不同法院对反垄断纠纷可仲裁性的判断标准，可以抽象归纳为：（1）《反垄断法》的公法属性和公共政策的作用；（2）可仲裁事项是否需要法律明确规定；（3）带有民事财产权益之外因素的纠纷可否仲裁；（4）仲裁庭是否有能力处理此类案件。

（四）反垄断民事纠纷属于可仲裁的纠纷类型

《反垄断法》具有公共利益属性，这也是其作为经济法的固有属性。尽管如此，《反垄断法》也并非只能由行政机关执行的纯粹公法。如OECD就认为，个人对竞争法的私人实施和执法机关的公共实施应当进行区分。[①] 我国《反垄断法》的公共实施完全由行政机关执行，且处于《反垄断法》实施的主导地位。在我国《反垄断法》构建的实施体系下，私人实施并非意在通过类似美国“私人检察官”的制度直接对垄断行为进行打击，而是通过允许受害人进行民事追诉从而间接防止反竞争行为，这表明平等主体间的财产权益纠纷仍是《反垄断法》私人实施的主要形态。

对于界定可仲裁与不可仲裁事项是否需要法律的明确规定，“三菱案”中美国联邦最高法院指出：除非国会明确要求法院这样做，否则不应将相关争议作为不适用《纽约公约》的排除事项。我国《仲裁法》也秉持这种观点，仅在第3条列出不可仲裁事项。不可否认的是，即便反垄断法私人实施的主体追求的是自身利益的受偿，其客观上也存在对公共利益和竞争秩序的维护作用，但这不是《反垄断法》的实施方式所特有的。梁慧星教授在世纪之交时就指出现代民法已经放弃近代民法在经济政策上的放任主义，“私法的公法化”是现代民法的基本特征，这也是反垄断法此类脱离抽象人格形成具体人格的经济法形成基础。[②] 不带任何公共因素的私人实施方式是不存在的，不能因此

---

① *Arbitration and Competition 2010*, OECD Secretariat of the Competition Committee, DAF/COMP (2010) 40: 11.

② 参见梁慧星：《从近代民法到现代民法——二十世纪民法回顾》，载《中外法学》1997年第2期。

而否认争议的可仲裁性。而对于仲裁员身份及仲裁的专业化水平，国际仲裁实践已经积累了相当多迅速处理复杂争议的经验，如美国仲裁协会（AAA）就专门出台了针对复杂商事案件的仲裁规则。[①] 反垄断案件处理往往建立在专业化的经济分析之上，我国竞争执法和司法过程中也常见经济学家和反垄断学者提出专家意见作为参考，如在奇虎诉腾讯滥用市场支配地位一案中，最高人民法院就在判决中大量采纳了民间调研机构出具的专业调研报告，用以辅助界定相关市场。[②] 在这个意义上，仲裁员的多样化背景将有利于反垄断案件的专业化处理。

此外，狭义的可仲裁性只解决纠纷能否通过仲裁解决的问题，更广义的可仲裁性还需考察当事人是否同意将纠纷提交仲裁解决。[③] 在当事人事先有仲裁协议（条款）的情形下，通常会对争议内容进行概括约定，如约定因协议产生的所有争议都适用仲裁，反垄断案件是否能够落入仲裁条款的范围应取决于对仲裁协议的解释。对此，普通法倾向对仲裁条款作宽泛解释，英国上议院（原英国最高法院）认为仲裁条款的建立是基于对当事人理性商人的假设，基于协议产生的任何争议都应当提交给同一机构处理。[④] 美国法院在 EPIX 案[⑤] 中认为，基于合同产生的反托拉斯主张包含在仲裁条款范围内。最高人民法院在仲裁条款解释上秉持类似立场，其在亚洲光学案[⑥] 中提出“密切相关原则”，即和涉案含仲裁条款的《委托开发合同》密切相关的纠纷均应提交仲裁解决。职是之故，反垄断民事纠纷中，不论是垄断侵权争议，或是与合同履行本身相关的案件（如确认合同无效）均可落入仲裁条款涵摄范围。

依照《仲裁法》立法本意的三项标准可以清晰得出反垄断民事纠纷可由

① Rules of the American Arbitration Association Rules on Procedures for Large Complex Commercial Cases.

② 奇虎诉腾讯滥用市场支配地位案，最高人民法院（2013）民三终字第 4 号民事判决书。

③ 这种颇具美式风格的可仲裁性定义为美国联邦最高法院在 First Options 案中首次提出。See First Options of Chicago, Inc. *v.* Kaplan, 514 U.S. 938, 942（U.S. S.Ct. 1995）.

④ Fiona Trust & Holding Corp *v.* Privalov, [2007] UKHL 40.

⑤ EPIX Holdings Corp. *v.* Marsh & McLennan Cos., 982 A.2d 1194, 1199, 1204（N.J. Super. Ct. App. Div. 2009）.

⑥ 亚洲光学、东莞信泰诉富士公司委托加工合同纠纷案，最高人民法院（2019）最高法商初 2 号民事裁定书。

仲裁解决的结论。首先，反垄断民事纠纷的当事人主体地位是平等的，涉及行政机关职权的案件不属于仲裁范围。其次，反垄断民事纠纷案件中的当事人对于赔偿数额、许可使用费等主要诉求具有处分权。最后，《反垄断法》规定的三种经济型垄断是典型的经济纠纷。由是观之，我国法院在反垄断仲裁司法审查中的裁判标准已经偏离了《仲裁法》和法院对其他类型纠纷可仲裁性分析确立的原则。与此同时，对一项争议能否通过仲裁解决的判断，除法律规定外，还取决于该地区的法政策走向。美国联邦最高法院最终转变"美国安全案"的态度也和政策取向相关。正如其在"三菱案"中指出，当前的联邦政策需要积极地支持仲裁，如果狭隘地将所有争议交由法院解决不利于贸易和商业的发展。目前，我国对仲裁持积极支持态度，对仲裁机构解决纠纷的能力和公信力是充分信任的。在不断优化营商环境的背景下，仲裁作为主要的替代性争议解决方式，其实施成效将很大程度影响我国营商环境的客观评价。[①]更为重要的是，从深化对外开放的实践出发，仲裁在争端解决方式中最具国际性，与其抱薪救火般直接否认我国和他国所有的反垄断仲裁，不如水到渠成地对反垄断仲裁做出合理的制度构设。

四、反垄断民事纠纷仲裁的制度构设

（一）具体垄断民事纠纷的仲裁路径

我国《反垄断法》规定了四种垄断行为，其中行政垄断[②]涉及行政机关与企业间的纵向管理关系，不属于平等主体间的财产纠纷，自然无法通过仲裁解决。有学者认为，对于其余三类经济垄断争议"具有可提交仲裁解决的本质属性"。[③]本文将对几种具体经济垄断侵权行为和与其相关的合同纠纷适用仲裁的可能性与路径进行探讨。

1. 垄断协议

垄断协议是最为常见的一种垄断行为，但并非所有的垄断协议纠纷都可

① 替代性纠纷解决指数是世界银行对全球营商环境评价的重要参考因素。参见《世行营商环境报告解读：人民法院如何助力中国提高"得分率"》，http://www.court.gov.cn/zixun-xiangqing-194151.html，最后访问时间：2019年10月27日。

② 即《反垄断法》第五章规定的"滥用行政权力排除、限制竞争"。

③ 丁国峰：《美国反垄断法可仲裁性及其对我国的启示》，载《中国工商管理研究》2010年第11期。

以仲裁，这取决于提起仲裁的当事人身份。举例而言，如果横向垄断协议含有仲裁条款，仲裁的当事人也属于横向关系的主体（如固定价格的主销售商和其经销商），这种类型的仲裁即可继续。但如果是消费者基于和经销商的买卖合同，希望对经销商间联合涨价的行为提起仲裁，即使经销商间的协议存在有效的仲裁条款，消费者也并非横向协议的当事人，此时消费者只能选择向竞争执法机关举报或向法院起诉。纵向垄断协议中也存在这样的问题，概言之，垄断协议经常会影响到仲裁条款缔结方之外的人，仲裁协议的范围会限制仲裁的进行。①

我国反垄断法实践中对垄断协议的分析框架一直存在争议，因此有必要讨论仲裁对垄断协议的裁判态度。横向限制是对市场竞争危害最严重的一类反竞争行为，欧盟竞争法将其作为核心限制行为，美国和欧盟均将对横向限制的打击作为执法重点。美国反托拉斯法一直将核心限制适用“本身违法”原则，②我国《反垄断法》实施中对横向垄断协议适用“构成即违法”的争议也较之纵向协议少得多，反垄断仲裁也需依此处理。纵向垄断协议相较横向限制危害更小，③不同法域对其态度差异明显。美国反托拉斯法实践认为纵向限制甚至在特定情形下是促进竞争的，对其违法性判断应适用“合理分析”原则，即在个案中具体分析。《欧盟运行条约》第 101 条对纵向限制采取“原则禁止 + 例外豁免”。我国立法和欧盟竞争法较为接近，《反垄断法》第 14 条和第 15 条分别规定了禁止纵向垄断协议和不构成垄断协议的情形。尽管法律规定如此明确，但反垄断实施机关特别是法院在具体裁判中仍然坚持对纵向限制直接进行合理分析。最高人民法院在“裕泰案”④中以统一法律规范的不同实施体系为界，人为划分了两种分析标准，其认为反垄断执法机构在行政处罚程序中可以对纵向垄断协议适用“本身违法”，但在反垄断民事诉讼程序中却要适用“合理原则”个案分析纵向协议是否违法，这种处理方式割裂了《反

---

① Donald I Baker, “Revisiting History–What Have We Learned About Private Antitrust Enforcement That We Would Recommend to Others”, 16 Loy. *Consumer Law Review*, pp.379– 406 (2003).

② Douglas F Broder, “US antitrust law and enforcement: a practice introduction”, *Oxford University Press*, p.43, (2012).

③ Luca G. Radicati Di Brozolo, “Arbitration and competition Law: The Position of the Courts and of Arbitrators”, 27 (1) *Arbitration International*, pp.1–13 (2011).

④ 裕泰公司诉海南省物价局行政处罚案，最高人民法院（2018）最高法行申 4675 号行政裁定书。

垄断法》第 15 条与其他条款的联系。

纵向垄断协议的当事人很可能在转售等协议中约定了仲裁条款，如果发生纠纷反垄断仲裁应秉持何种立场？欧盟曾有一种流行观点，即《欧盟运行条约》第101条第3项豁免条款的实施权专属于欧盟委员会。[①]但我国《反垄断法》第 15 条不存在这样的情况，法院不是不能用，而是不愿用。申言之，即使遵循“裕泰案”的区分立场，反垄断仲裁也必须选择对纵向限制原则判定违法，这不仅是遵循《反垄断法》的要求，还因为采纳“合理分析”原则将不可避免地使市场主体在订立合同时难以判断合同效力，也使法律行为因缺乏可预见性后果产生了额外的风险，甚至变相鼓励当事人利用垄断争议故意逃避合同条款约束。[②]而在仲裁中，维护商事秩序的稳定是仲裁庭的一个重要价值追求。

2. 滥用市场支配地位

滥用市场支配地位民事纠纷可以分为两类。一类是与合同相关的案件，如知识产权许可协议中的不公平许可条件可能是垄断企业滥用市场支配地位的表现形式，此时如果许可协议中包含仲裁条款，被许可人就可以对滥用行为提起仲裁。滥用行为虽属于侵权，但其与许可协议间存在明显的“密切相关”性，属于可仲裁范围。另一类是与合同无关的滥用案件，如拒绝交易，事前一般不存在仲裁合意。此时唯一可能通过仲裁解决纠纷的方式就是事后当事人达成协议，但垄断纠纷中几乎不可能存在这种情形。[③]

3. 经营者集中

欧盟委员会在 1998 年 Alcatel/Thomson 案[④]中表达了对仲裁解决并购救济案件的支持。在 2008 年欧盟委员会修订的《关于救济的通知》中明确规定了在特定情形下并购救济的各方当事人可以通过仲裁快速解决争议。[⑤]例如，并购审查过程中，企业向欧盟委员会作出未来允许在合理条件下向其他经营者

---

① Sandra Marco Colino, *Competition Law of the EU and UK*, Oxford University Press, 2011, p.194.

② 参见吴佩乘:《反垄断法中纵向垄断协议的解释学澄清》，载《知识产权》2018 年第 11 期。

③ Assimakis Komninos, *Arbitration and EU competition law*, Available at SSRN 1520105, 7(2009).

④ Case No IV/M.1185 – *** ALCATEL/THOMSON CSF–SCS.

⑤ Commission notice on remedies acceptable under Council Regulation (EC) No 139/2004 and under Commission Regulation (EC) No 802/2004, Article 66.

开放基础设施的承诺，第三方企业如希望使用相关设施但认为并购企业未履行承诺的，可以申请仲裁。无独有偶，美国司法部在2019年的一起并购案中，以和被告达成仲裁协议为由向法院撤诉，首次尝试将相关产品市场界定的垄断问题提交仲裁解决。[①]具有限制竞争效果的经营者集中虽属经济垄断的形式，但由于我国竞争执法机构对企业经营者集中审查是行政机关行使职权的体现，仲裁一般没有适用余地。欧盟法下企业对欧盟委员会作出的承诺相当于我国竞争执法机构对经营者集中企业采取的附加限制性条件。由于第三方并非审查决定的当事人，即使其认为经营者集中企业违反审查决定，也只能选择向竞争执法机构举报[②]或直接提起垄断民事诉讼，而不具有提起仲裁的基础。美国司法部自身不能对企业并购作出审查决定，其作为诉讼或仲裁申请人的程序地位和我国竞争执法机构并不相同。

4. 涉垄断合同纠纷

垄断民事纠纷依请求权基础不同可分为两类，一类是因垄断行为而造成损害的侵权案件（包括上述的垄断协议、滥用市场支配地位和经营者集中案件），另一类是因合同（或行业协会章程）违反反垄断法产生的争议，其中以确认合同无效为主。[③]反垄断仲裁中的合同纠纷不仅包含申请人主动要求确认合同无效的情形，还可能包括在普通合同案件中被申请人以违反《反垄断法》为由的抗辩。在上述两种情形下，违反《反垄断法》已经构成违反强制性规定合同无效的法定事由，[④]仲裁庭应当宣告合同无效。此外，即使当事人均未明确主张，但仲裁庭主动发现合同违反《反垄断法》时，仲裁机构对于此种绝对无效的合同可依职权认定其无效，[⑤]违法线索也应向竞争执法机构举报提交。

---

① 参见美国司法部网站，https://www.justice.gov/opa/pr/justice-department-sues-block-noveliss-acquisition-aleris-1，最后访问时间：2019年12月19日。

② 参见《关于经营者集中附加限制性条件的规定（试行）》（商务部令2014年第6号）第23条。

③ 参见朱理：《〈关于审理因垄断行为引发的民事纠纷案件应用法律若干问题的规定〉的理解与适用》，载《人民司法》2012年第15期。

④ 对于涉及市场秩序等公序良俗的规定应当认定为“效力性强制性规定”。参见《全国法院民商事审判工作会议纪要》（法〔2019〕254号）第三部分。

⑤ 参见林洋：《职权确认合同无效之程序和实体问题研究》，载《新疆大学学报（哲学·人文社会科学版）》2019年第6期。

（二）仲裁机构与其他竞争法实施机关的关系

1. 基于公共政策的仲裁裁决司法审查

仲裁之所以能够成为司法之外的纠纷解决形式并为各国接受，也正在于其充分尊重基于主权国产生的公共政策。[①] 因此，虽不是可仲裁性判断的标准，但公共政策仍对反垄断仲裁起到限制作用，这主要体现在仲裁裁决司法审查过程中。法院对仲裁裁决的审查一般遵循程序审查原则且只审查当事人提起的事项，[②] 但《纽约公约》和我国法律都认为基于公共政策的审查应当由法院主动进行。反垄断仲裁司法审查需要解决如下几个问题：（1）法院审查中的公共政策是什么？（2）公共政策审查的范围有多大？（3）由何种审理机构进行审理？

《纽约公约》第5条第2项赋予了当事国基于“公共政策”拒绝承认和执行他国仲裁裁决的权利，学者普遍认为此处应当限缩解释为“国际公共政策”，[③] 即要求违背法律的根本原则。目前我国唯一一起法院以“公共政策”为由拒绝承认和执行国际商事仲裁的案例[④] 便是以仲裁结果侵犯中国司法主权为理由。国内仲裁实践中尚没有对“公共利益”做明确界定，但基于体系解释应当认为只有对公共秩序产生重要影响的利益才可构成。

各国对公共政策审查的范围并不一致。美国在“三菱案”中允许反垄断仲裁的同时，也认为国内法院在仲裁执行阶段需要对仲裁中的法益进行考量，也即“二次审查”（Second look）。尽管如此，美国法院对垄断仲裁从未进行过基于公共政策的实体审查，因此也有学者认为“所谓的二次审查就是根本没有审查”。[⑤] 与之相反，大陆法系国家倾向于实体审查。欧盟法院

---

① 参见张小雪：《国际商事仲裁中可仲裁性与公共政策的关系》，载《北京仲裁》2014年第1辑，中国法制出版社2014年版，第141页。

② 值得说明的是，我国《民事诉讼法》对国内和涉外仲裁裁决审查标准采取“双轨制”，对国内仲裁裁决也可进行实体审查，仲裁界一直主张将双轨制标准统一。参见罗东川、高晓力：《实现涉外仲裁有效支持 促进国际仲裁事业发展》，载《法制日报》2013年6月28日，第5版。

③ Pierre Mayer & Audley Sheppard, “Final ILA report on public policy as a bar to enforcement of international arbitral awards”, 19（2）*Arbitration International*, pp.249- 251（2003）.

④ 最高人民法院（2008）民四他字第11号复函。

⑤ Susan Karamanian, “The Road to the Tribunal and Beyond: International Commercial Arbitration and United States Courts”, 34 *George Washington International Law Review*, pp.17（2002）.

在 Eco Swiss 案中明确指出欧盟竞争法体现的价值就是公共政策，法国上诉法院认为法官的司法审查应当考虑与公共政策相关的所有事实和法律问题。[①]我国法院在对反垄断仲裁案件进行公共政策审查时需坚持实质审查原则。这是因为竞争政策在我国经济体系中具有基础性地位，即使在私人实施过程中，作为竞争政策主要载体的《反垄断法》也当然构成公共政策的一部分。基于公共政策的实质审查并非要求法院将仲裁已经作出裁决的案件重新实体审理，而是实质审理两方面：一是涉案争议是否有严重违反《反垄断法》的行为被仲裁忽略；二是仲裁裁决本身是否会限制竞争（如达成价格卡特尔）。简言之，法院的司法审查主要关注仲裁裁决是否会有排除、限制竞争的违法结果。[②]

反垄断仲裁司法审查需坚持专业性和谦抑性。我国法院裁判是以法院整体名义作出的，但这并不影响不同类型的审判机构有其擅长的审理领域。反垄断仲裁公共政策实质审查的特点决定了审理机构应当熟悉市场环境和竞争法，从而能够判断仲裁结果是否对公共秩序产生严重影响。同时，公共政策审查是兜底手段，各国法院对公共政策条款应当谨慎使用。

2. 仲裁机构和竞争执法机构的关系

仲裁司法审查并不是对仲裁机构监督的唯一方式，竞争执法机构对仲裁程序中引发的严重竞争问题可以展开反垄断调查。仲裁庭和竞争执法机构各自代表的私人实施和公共实施方式间存在矛盾，为了更好地维护竞争秩序和公共利益，反垄断仲裁程序面临一些必要的改变。

商事仲裁程序的保密性可能不利于竞争执法机构的有效监督和执法。正如“三菱案”中美国联邦最高法院史蒂文斯大法官提出的反对意见指出，即使在反垄断的私人实施中，公众的知情权也非常重要。在同样具有显著公共性的国际投资仲裁领域，国际投资争端解决中心（ICSID）就一直致力于提升

---

① Paris Court of Appeal’s, 1st Chamber-Section C, 30 September 1993, Société European Gas Turbines S.A. v Société Westman International LTD, Rev. Arb., French arbitration comity 1994, Volume 1994 Issue 2, pp.359-370.

② 通常而言，诸如仲裁裁决确定的垄断侵权损害赔偿数额、许可费率等不足以成为法院基于公共政策的审查对象，但对美国特有的反垄断私人实施中三倍惩罚性赔偿裁决的承认与执行却是一个有争议的问题，本文对此不作过多讨论。

仲裁过程和裁决的公开透明度。[①] 反垄断民事仲裁裁决书在隐去涉密信息后应当通过适当程序公开，这样既有利于公众监督，也方便竞争执法机构对涉嫌垄断行为进行执法调查，特别是执法机构有机会对未进入仲裁司法审查的案件进行独立调查。

反垄断仲裁裁决的既判力不及于竞争执法机构，因而对反垄断法公共实施没有必然影响。生效反垄断仲裁裁决对其他民事诉讼或仲裁活动将产生“一事不再理”的既判力效果，阻却了在私人实施过程中产生相反结论的可能。但该既判力不能阻碍竞争执法机构开展的反垄断调查，仲裁裁决不构成对竞争执法机构认定垄断行为的有效抗辩，相反，执法机构可以对以仲裁方式达成的反竞争行为（如垄断协议）进行行政调查。相似地，受害人对于执法机构调查完成的反垄断案件提起后继私人实施程序的，反垄断仲裁的结论也并不必然和执法机构调查结果一致。

（三）“飞跃上诉”背景下反垄断仲裁司法审查的程序控制

案例1和案例2中除案件实体审理部分的显著差异外，不同的审理机构可能也是导致两案出现矛盾裁判的原因之一。我国专业化审判体系不断健全，不同领域的案件裁判分工明确，各司其职。也即尽管裁判最终以审理机构所在法院名义作出，但垄断纠纷和仲裁司法审查案件在法院内部却由不同机构负责，甚至在垄断纠纷“飞跃上诉”背景下，两类案件审理法院层级也不同。

根据中央和全国人大常委会的决定，最高人民法院于2019年1月起设立知识产权法庭，可以审理针对中级人民法院（含知识产权法院）垄断纠纷一审裁判的上诉案件，[②] 这种跨级审理也称为“飞跃上诉”。根据立法初衷，“飞跃上诉”制度本意是要实现技术性较强案件的“审理专门化、管辖集中化、程序集约化和人员专业化”。[③] 对于仲裁司法审查类案件，虽然不存在“飞跃上诉”的问题，但由于案件处理需要对相关国际公约有深度了解，最高人民

---

① 参见国际投资争端解决中心网站，https://icsid.worldbank.org/en/amendments/Pages/Proposals/Working-Paper.aspx，最后访问时间：2019年12月20日。

② 参见《最高人民法院关于知识产权法庭若干问题的规定》（法释〔2018〕22号）第2条。

③ 周强：《关于专利等案件诉讼程序若干问题的决定（草案）的说明》，https://www.chinacourt.org/article/detail/2018/10/id/3549349.shtml，最后访问时间：2018年10月26日。

法院专门下发通知将此类案件归口至涉外商事审判庭负责[①]（最高人民法院层面由民四庭牵头）。

由于案例 2 中起诉的案由是“垄断纠纷”，该案的管辖权异议在一审由呼和浩特市中级人民法院审理后，二审直接“飞跃”至最高人民法院知识产权法庭，也因此在二审裁判中呈现出最高司法机关不支持反垄断仲裁的“表象”。与之相对的是，案例 1 的案由也是“垄断纠纷”，但该案在由北京知识产权法院一审审结后并未“飞跃”，而是直接由北京高院（且并未由审理垄断纠纷的民三庭审理）对管辖权异议进行审查，得出了和案例 2 矛盾的裁判结果。

法院内部较为粗糙的案件分理机制可能对案件实体结果产生重要影响。不管案例 1 和案例 2 起诉的案由为何，其核心争议点都是关于反垄断民事纠纷是否可被仲裁排他管辖，本质上是仲裁司法审查案件。最高人民法院知识产权法庭尽管级别较高，但其中多是常年审理垄断实体案件的法官，未必过多关注仲裁司法审查的内容。然而，对于反垄断纠纷可仲裁性案件的处理通常不涉及《反垄断法》具体制度的内容，完全可以由法院内设专门的仲裁司法审查部门处理。与之相对，在对反垄断仲裁的撤销或承认、执行类案件中，往往涉及仲裁裁决是否与《反垄断法》产生冲突，反而属于应当“飞跃上诉”统一裁判尺度的案件类型，此类案件由中级法院负责垄断案件的审判庭审理后，向最高人民法院知识产权法庭进行案件报核更为适宜。[②]

结论

为何两件案情基本相同、处理时间基本一致的管辖权异议案件会产生完全矛盾的裁判结果？本文开始所提问题的答案已经显而易见。从实体层面考虑，案例 1 中法院从《仲裁法》角度正确分析了可仲裁性的标准，并进而得出反垄断民事纠纷应当适用仲裁条款的结论。案例 2 中法院错误理解了反垄断私人实施的可仲裁性与《反垄断法》公共属性的关系，基于对商事仲裁的不信任，全面否定了反垄断争议可仲裁性。从程序角度分析，作为主要审理垄断实体

---

① 参见《最高人民法院关于仲裁司法审查案件归口办理有关问题的通知》（法〔2017〕152 号）第 1 条。

② 一般的仲裁司法审核案件只有一审，但存在案件报核和审核制度。参见《最高人民法院关于仲裁司法审查案件报核问题的有关规定》（法释〔2017〕21 号）。

案件的内设机构，最高人民法院知识产权法庭在案例2中并不适宜处理可仲裁性审查案件。

公共实施和私人实施是《反垄断法》有效执行的两大支柱。仲裁作为一种纠纷解决的替代性措施，已经逐渐成为反垄断法私人实施的重要方式，同时促进了国际反垄断法实施经验的交流互补。历史上各国普遍存在对仲裁解决反垄断争议的不信任，但出于对国际商事交往稳定性的需要和对反垄断私人实施中私益保护的尊重，美国和欧盟两大反垄断司法辖区已经普遍承认仲裁作为反垄断私人实施的重要地位。人民法院对反垄断仲裁审查标准已经偏离了法定轨道，仲裁应当成为我国反垄断民事纠纷的一种解决途径。尽管如此，基于《反垄断法》的公共属性，在实施过程中需要对传统商事仲裁的标准进行调整。需要注意的是，并非任何垄断案件都可以提交仲裁解决，只有部分垄断协议案件和滥用市场支配地位案件以及和垄断纠纷相关的合同争议可以申请仲裁。此外，反垄断审查需要接受法院基于公共政策的实质审查，竞争执法机构对于仲裁中可能出现的限制竞争问题也可以展开反垄断调查。随着专业化审判日益精细，需要合理避免因案件在法院内部分流不同造成的实体结果的显著差异，维护法律解释的同一性。

快速仲裁程序的适用条件设置分析

——从当事人、仲裁机构和仲裁庭的角色出发

余　璐[*]

● **摘　要**

随着国际商事仲裁日趋诉讼化，众多仲裁机构为满足对争议解决程序效率的追求引入了快速仲裁程序。为了高效地解决争议，快速仲裁程序通常包含特殊的限制以缩短程序周期。因此，并非所有的案件都能适用快速程序。为确保合理地适用快速仲裁程序，快速仲裁程序适用条件的设置非常关键。

本文将按照仲裁程序发展的时间顺序，通过探讨不同仲裁规则下当事人、仲裁机构和仲裁庭在确定快速仲裁程序适用时所扮演的角色、发挥的作用以及三者之间的互动，深入探究快速仲裁程序适用条件的设置。不同仲裁规则下快速仲裁程序适用条件的区别体现在当事人意思自治和仲裁机构/仲裁庭自由裁量权的分配上。这种权利和权力的分配实质上反映了仲裁的内在价值在仲裁程序中的动态平衡。在分析众多仲裁机构采用的设置方法之后，本文还将进一步探索设置最佳适用条件的可能性。

● **关键词**

快速仲裁程序　适用条件　当事人　仲裁机构　仲裁庭

* 余璐，斯德哥尔摩大学硕士研究生。

Abstract: With the increasingly litigious character of international commercial arbitration and the growing desire for the efficiency of dispute resolution process, expedited procedure is introduced into international commercial arbitration. In order to resolve disputes in an expedited and efficient manner, expedited procedure contains special restrains to shorten the time limits of the proceeding. With such restrains, it is important to ensure that the case is manageable in the framework of expedited procedure. Thus, the threshold of the expedited procedure, as the gateway of the fast track, plays a critical role.

This thesis will take a chronological look into the thresholds of the expedited procedure by discussing the roles and interactions of three arbitration players in determining the use of the expedited procedure under different arbitration rules. The thresholds of the expedited procedure in different arbitration rules are distinguished by the distribution of the parties' rights and the institution/arbitral tribunal's powers. Such distribution indicating the relationships and interactions of these roles, in its essence, reflects a dynamic balance of the innate values of arbitration during the arbitral proceedings. This thesis will further explore the possibility of the "best" threshold of the expedited procedure after a thorough investigation and analysis of various approaches taken by arbitration institutions.

Key Words: expedited procedure, threshold, parties, arbitration institution, arbitral tribunal

I. Introduction

The aim of the expedited procedure is to enhance the efficiency of arbitration. The threshold of the expedited procedure, functioned to select suitable cases for the expedited procedure, is critical to the realization of this aim. According to arbitration rules of different institutions, [①] the threshold is shaped and distinguished by the right of the parties and the power of the institution/arbitral tribunal. The relationship and interaction of these three arbitration players also reflects the balance between party autonomy and procedural efficiency.

This article is aimed to analyze the interaction among three arbitration players through three stages of the arbitral proceedings (see figure-1).

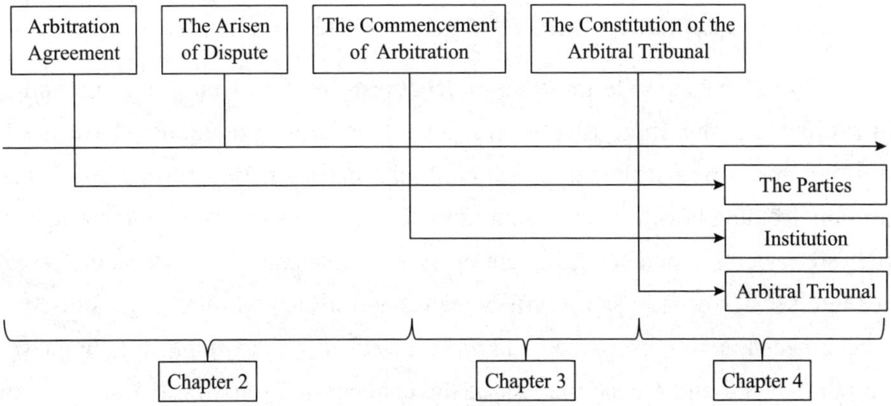

(figure-1)

The analysis is conducted in a comparative way. On the one hand, it compares

① The arbitration rules referred in this thesis, including 2018 The Arbitration Rules of Asian International Arbitration Centre (AIAC Rules), 2015 The Arbitration Rules of Construction Industry Arbitration Council (CIAC Rules), 2015 The Arbitration Rules of China International Economic and Trade Arbitration Commission (CIETAC Rules), 2018 The Arbitration Rules of German Arbitration Institute (DIS Rules), 1996 The Arbitration Rules of International Centre for Alternative Dispute Resolution (with an amendment as adopted in 2016)(ICADR Rules), 2017 The Arbitration Rules of International Chamber of Commerce (ICC Rules), 2014 The International Dispute Resolution Procedures of International Centre for Dispute Resolution (ICDR Rules), 2018 The Administered Arbitration Rules of Hong Kong International Arbitration Centre (HKIAC Rules), 2019 The Commercial Arbitration Rules of Japan Commercial Arbitration Association (JCAA Rules), 2017 Rules for Expedited Arbitrations of the Stockholm Chamber of Commerce (SCC Rules), 2016 The Arbitration Rules of Singapore International Arbitration Centre (SIAC Rules), 2019 The Arbitration Rules of Vienna International Arbitral Centre (VIAC Rules) and 2018 The Permanent Arbitration Court Hungarian Chamber of Commerce and Industry (PCA Hungarian Chamber of Commerce and Industry).

the changing role of the parties, institution and arbitral tribunal in influencing the use of the expedited procedure throughout three stages of the arbitral proceeding. On the other hand, within each stage, it compares different approaches of different arbitration rules by analyzing the distribution of parties' right and institution/arbitral tribunal's power. After the analysis, this article tries to explore the "best" threshold of the expedited procedure.

II. Before the Dispute Has Arisen: Parties' Choice

Parties are free to determine the procedure to be followed in an international arbitration.① At the stage of negotiating arbitration agreement where neither institution nor arbitral tribunal is involved, the parties have a total and exclusive control in deciding how a future dispute should be resolved.② Also, at this stage, the parties are easier to reach an agreement on various elements of the procedure. A valid procedure set up by the parties will be cautiously followed during the subsequent arbitral proceeding to preserve the due process, enhance the voluntary compliance of the arbitral award and reduce the risk of the challenge of the award. When it comes to expedited arbitration, parties naturally have the freedom to opt-in or opt-out this procedure in advance in their arbitration agreement. Then to what extent, may the parties' choice influence the option of expedited procedure under certain arbitration rules and what is the hierarchy among parties' choice and other thresholds?

2.1 The Role of the Parties' Choice in Arbitration Rules

According to the effect of the parties' choice and the ranking of the party autonomy, three approaches can be recognized among different arbitration rules, i.e. parties' choice as the single and decisive factor, as the primary factor and as a parameter.

---

① Nigel Blackby, Constantine Partasides QC, Alan Redfern and Martin Hunter, International Arbitration (sixth edition), Oxford University Press 2015, pp. 355. See also UNCITRAL Model Law Article 19 (1) and the New York Convention Article V (1)(d).

② Thomas H. Webster, Party Control in International Arbitration, Arbitration International, Vol. 19, No. 2, LCIA, 2003, p. 120.

Pursuant to some arbitration rules, parties' agreement is a single and decisive factor for the use of expedited procedure. For instance, without a fixed monetary threshold for the automatic appliance of expedited procedure, the 2017 Rules for Expedited Arbitrations of the Stockholm Chamber of Commerce (SCC Rules) apply only where the parties have so agreed.① Likewise, under the 2018 The Arbitration Rules of German Arbitration Institute (DIS Rules), the expedited procedure will apply only if parties have agreed on adopting it.② Same approach is taken by 2015 The Arbitration Rules of Construction Industry Arbitration Council (CIAC Rules), 1996 The Arbitration Rules of International Centre for Alternative Dispute Resolution (with an amendment as adopted in 2016) (ICADR Rules), 2018 The Arbitration Rules of Asian International Arbitration Centre (AIAC) and 2018 The Permanent Arbitration Court Hungarian Chamber of Commerce and Industry (PCA Rules).

Meanwhile, under some arbitration rules, although there is an objective threshold, parties' agreement prevails. A typical example is 2019 The Commercial Arbitration Rules of Japan Commercial Arbitration Association (JCAA Rules). Although they provide automatic application for small claims below the monetary threshold, parties may freely adopt or exclude the expedited procedure for any dispute regardless of the fixed monetary threshold.③ The logic behind this approach

---

① Expedited Arbitration at the SCC: One Year with the 2017 Rules, Anja Havedal Ipp (Arbitration Institute of the Stockholm Chamber of Commerce, April 2, 2018. http://arbitrationblog.kluwerarbitration.com/2018/04/02/expedited-arbitration-scc-one-year-2017-rules-2/, accessed March 25, 2020.

② 2018 DIS Rules Rule 1.4: The Rules shall be applied, mutatis mutandis, with respect to Annex 4 (Expedited Proceedings) or Annex 5 (Supplementary Rules for Corporate Disputes) when the parties have agreed to apply such Annexes. CIAC, ICADR, AIAC, PCA Hungarian Chamber of Commerce and Industry adopt the same approach.

③ 2019 JCAA Rules Article 84.1: ...however, that the provisions of Part 1 [regular procedure] shall apply, if: ... (b) a Party notifies the JCAA in writing of the agreement by the Parties not to submit the dispute to expedited arbitration procedures within two weeks from the respondent's receipt of the notice of the Request for Arbitration.

2019 JCAA Rules Article 84.2: Even in the case where the amount or economic value of the claimant's claim (s) exceeds JPY50, 000, 000, the provisions of Part 2 shall apply if a Party notifies the JCAA in writing of the agreement between the Parties to submit the dispute to expedited arbitration procedures ...

is that on the one hand, there is no absolute relevance between small claim and the complexity of dispute and on the other hand, the procedural consequence decided by the amount of the claim is not necessary in line with parties' common intention. When an important matter of principle is at stake, no matter how small the amount it is, parties may be willing to spend time and expense for "a thorough examination of facts and a full articulation of all legal arguments".[①] In such cases, parties may agree on excluding the application of expedited procedure, even when the amount of the claim is small. Vice versa, when the amount of the claim exceeds the monetary threshold, the possibility still exists for the parties agreeing on the adoption of the expedited procedure if the dispute can be handled in an more efficient and economic way. In order to preserve party autonomy as well as flexibility, when the amount of the claim leads to a procedure opposite to the one that parties chosen, the latter will be followed.[②]

In addition, parties' agreement on expedited arbitration may act as a condition for a party to apply for the use of expedited procedure and a reference for the president or secretary of the institution to make a final decision on whether the expedited procedure should be adopted/exclude.[③] With the request of one party and after confirming that there is a valid parties' agreement on expedited procedure, the institution will determine whether the arbitral proceedings shall be conducted under expedited procedure. This decision process tries to check and verify that there is an

① Effective Management of Arbitration: A Guide for In-House Counsel and Other Party Representatives (2014), International Chamber of Commerce, p.14.

② Manuel Arroyo, 'Chapter 17, Part II: Commentary on the ICC Rules, Appendix VI: Expedited procedure rules, Article 2 [Constitution of the arbitral tribunal]', in Manuel Arroyo (ed), Arbitration in Switzerland: The Practitioner's Guide (Second Edition), 2nd edition, Kluwer Law International 2018, p. 2439.

③ 2016 SIAC Rules Rule 5.2: Where a party has filed an application with the Registrar under Rule 5.1, and where the President determines, after considering the views of the parties, and having regard to the circumstances of the case, that the arbitral proceedings shall be conducted in accordance with the Expedited Procedure, ...

2018 HKIAC Rules Article 42.2: When HKIAC, after considering the views of the parties, grants an application made pursuant to Article 42.1, the arbitral proceedings shall be conducted in accordance with an Expedited Procedure ...

existing and valid common consent to adopt/exclude expedited procedure. Notably, applications based on parties' agreement, to a great extent, will be granted by the institution after the verification. According to Hong Kong International Arbitration Centre (HKIAC)'s statistics, during 2014–2019, all of the 7 applications filed on the base of party agreement were granted.①

The approach taken by 2017 The Arbitration Rules of International Chamber of Commerce (ICC Rules) combines the second and the third one, where both the parties and the Court may have the final say on the non-applicability of expedited procedure. On the one hand, similar to 2019 JCAA Rules, it allows parties to agree on any and all disputes being subject to the expedited procedure regardless of the amount of the dispute. Conversely, the parties may also expressly exclude the application of the expedited procedure.② On the other hand, the Court has decision power on the non-applicability of the expedited procedure. Such power can either be made on the Court's own motion, or upon the request of a party to the arbitration.③

In theory, the weight of parties' choice reduces from the first approach to the third one. In the first approach, the parties' choice is indispensable and decisive in deciding the use of the expedited rule. In the second one, parties' choice is a primary but not the only factor in deciding the expedited procedure. Lack of parties' choice, the expedited procedure still can be triggered if the monetary threshold is met. In the third one, institution has the power to determine the use of the expedited procedure. However, one thing is in common—every approach leaves room for the parties choosing the procedure.

---

① Responses to the UNCITRAL Questionnaire on Expedited Arbitration, updated in January 2020, p. 20.

② The New ICC Expedited Procedure Rules: A New Experiment, http://www.jonesday.com/the-new-icc-expedited-procedure-rules-a-new- experiment-12-13-2016/, accessed May 30, 2020.

③ 2017 ICC Rules 30.3 (c): the Court, upon the request of a party before the constitution of the arbitral tribunal or on its own motion, determines that it is inappropriate in the circumstances to apply the Expedited Procedure Provisions.

2.2 Challenges in Deciding for Expedited Procedure Before the Dispute Has Arisen

However, are the parties always capable to make a wise choice concerning expedited procedure in their arbitration agreement? At the time when the parties agree on arbitration, it is ideal but difficult for the parties to decide on adopting or excluding the expedited procedure. There are two reasons accounting for this opinion. Firstly, at the contract negotiation stage, it is hard to reach a consent on adopting or excluding expedited procedure. Secondly, parties' common consent to opt-in or opt-out may not be explicitly expressed thus unable to achieve its expected effect.

2.2.1 Challenge in Reaching an Agreement

Making a precise decision on use of expedited procedure calls for not only cooperation and willingness but also a visionary prediction of the future dispute and the nature of that dispute. ICC Commission Report said that "...experience shows that in practice it is difficult at the time of drafting the clause to predict with a reasonable degree of certainty the nature of disputes and the procedures that will be suitable for those disputes." ① Although most arbitration institutions that are equipped with expedited procedure have provided model arbitration clause on expedited procedure, ② according to the DIS's experience in managing expedited arbitration, only a few parties could agree on the expedited proceeding

① ICC Commission Report-Techniques for Controlling Time and Costs in Arbitration, 1st ed, 2007, para 6.

② ICC has specified three recommended versions of standard clause for three specific circumstances. If parties wish to exclude the application of the Expedited Procedure Provisions, they must expressly opt out by adding the following wording to the clause above: The Expedited Procedure Provisions shall not apply. Parties wishing to avail themselves of the expedited procedure in higher-value cases should expressly opt in by adding the following wording to the clause above: The parties agree, pursuant to Article 30 (2)(b) of the Rules of Arbitration of the International Chamber of Commerce, that the Expedited Procedure Rules shall apply irrespective of the amount in dispute.

SIAC's model clause for expedited procedure add "The parties agree that any arbitration commenced pursuant to this clause shall be conducted in accordance with the Expedited Procedure set out in Rule 5.2 of the SIAC Rules." to its regular model clause.

in their agreement. The reason most likely lies in parties could hardly predict whether the expedited procedure would be appropriate at that time.[①]

2.2.2 Challenge in Drafting an Explicit Agreement

It often occurs at negotiating stage that insufficient thought is given to dispute resolution and an inappropriate or invalid arbitration agreement is adopted.[②] A valid arbitration agreement should follow mandatory rules of the law governing the arbitration agreement and the lex arbitri to ensure the validity of the arbitration agreement and acceptance of mandatory provisions in institutional rules to foster its feasibility.[③] Besides the requirement for a valid arbitration agreement, extra attention should be paid when drafting an agreement to opt-in or opt-out expedited procedure, such as the version of the arbitration rules, the specific provision of the expedited rules and even the guidelines of the institution. There is a great chance that even if the parties have successfully agreed on whether to adopt expedited procedure or not, the arbitration agreement they made may not work out according to their expectation.

For one thing, one arbitration agreement may entail opposite results under different arbitration rules. For instance, pursuant to the JCAA Rules 2019 Article 84.1 (a), if parties have agreed in the arbitration agreement that the number of arbitrators is three, then expedited procedure shall consequently not applied. Yet, according to *Note to Parties and Arbitral Tribunals on the Conduct of the Arbitration Under the ICC Rules of Arbitration*, a guiding document newly updated by ICC Court, it is not sufficient to opt-out the expedited procedure when the parties "have referred in the arbitration agreement to a three-member arbitral tribunal, or have adopted time limits that depart from those provided by

---

① Rolf Trittmann and Ramona Schardt, '§2.05: The Proceedings Before the Arbitral Tribunal, Article 27: Efficient conduct of the proceedings', in Gustav Flecke-Giammarco, Christopher Boog, et al. (eds), The DIS Arbitration Rules-An Article-by-Article Commentary, Kluwer Law International 2020, p. 443.

② Nigel Blackby, Constantine Partasides QC, Alan Redfern and Martin Hunter, International Arbitration (sixth edition), Oxford University Press 2015, pp. 72-73.

③ Michael Pryles, 'Limits to Party Autonomy in Arbitral Procedure', Journal of International Arbitration, Kluwer Law International 2007, Volume 24 Issue 3, p. 330.

the Expedited Procedure Provisions" .[①] Agreements to opt out should express in specific terms that parties' mutual consent not to apply expedited procedure.

For another, choosing arbitration rules without specifying the version of the arbitration rules may trigger the implied consent on the use of expedited procedure. The frequently updating arbitration rules lead to a question about which version should apply to the procedure, the one that was valid at the date of the contract or the one in force at the commencement of arbitration? To this question, 2017 ICC Rules Article 30.3 (a) has clarified that unless otherwise agreed by the parties, the expedited procedure shall not apply if the arbitration agreement under the ICC Rules is concluded before the expedited procedure provisions came into force (i.e. 1, March, 2017) .[②] However, the expedited procedure of Singapore International Arbitration Centre (SIAC) does not contain a similar exclusion. According to the SIAC's practice, unless parties have specified a particular version, the rules in force at the time of the commencement of arbitration will be applied. This approach is well illustrated by *AQZ v. ARA* case, where SIAC applied the expedited procedure of the 2010 SIAC Rules, which was in force at the commencement of arbitration and contained expedited procedure, to the parties' contract which was signed when the 2007 SIAC Rules, which had no expedited procedure, was in force. A party then raised the argument that the expedited procedure followed was not in accordance with the parties' agreement. The argument was subsequently rejected by Singapore High Court based on the well-established presumption that "reference to rules of a particular tribunal in an arbitration clause refers to such rules as are applicable at the date of commencement of arbitration and not at the date of contract,

---

① Note to Parties and Arbitral Tribunals on the Conduct of the Arbitration Under the ICC Rules of Arbitration, International Chamber of Commerce, 2019, p. 14.

② 2017 ICC Rules Article 30.3 (a): "The Expedited Procedure Provisions shall not apply if: a) the arbitration agreement under the Rules was concluded before the date on which the Expedited Procedure Provisions came into force, ..."

provided that the rules contain mainly procedural provisions." [①] It further reasons that had the parties intended to refer to the 2007 SIAC Rules , they could have identified them by name. Otherwise, they implicitly accepted the that the 2010 Rules were incorporated by reference into the arbitration agreement and the 2010 Rules should apply on the basis of above-mentioned presumption. The *AQZ v. ARA* case, followed by *BXS v. BXT* case, reminds the parties that it cannot be overemphasized to specify their intention with regard to the version of rules or the set of procedures in detail.[②]

Ambiguously, misinterpretations may easily occur from the arbitration agreement concerning the expedited procedure. It may cause delay of the proceeding and thus go in contrast to the efficiency target of expedited procedure. After all, if a dispute arises and arbitration proceeding begins, these matters caused by arbitration agreement must consequently be dealt with before any progress can be made with the real issues.[③]

2.3 Summary

To sum up, before the arising of dispute, parties (and/or their counsel) are the only players to design and decide the arbitration procedure. Yet, it is challenging for them to decide the use of the expedited procedure properly and successfully at this stage. Despite of a high cooperation among the parties at the moment, they are most likely not able to predict whether the expedited procedure is suitable to the potential future dispute or not. Furthermore, the higher requirements for arbitration agreements containing the choice of expedited procedure and the divergent practices among institutions increase difficulties and confusion for the parties to make a precise statement in arbitration agreement regarding the issue of expedited procedure. A problematic arbitration agreement will not expedite the procedure but delay it.

---

① *AQZ v. ARA* [2015] SGHC 49, para. 125, pp.61. See also *Navigator Investment Services Ltd v Acclaim Insurance Brokers Pte Ltd.* [2010] 2 SLR 25 at [34]; *Black & Vetach, Singapore Pte Ltd v Jurong Engineering Ltd.* [2004] 4 SLR 19 at [15], [19] – [20].

② *BXS v. BXT* [2019] SGHC (I) 10.

③ Nigel Blackby, Constantine Partasides QC, Alan Redfern and Martin Hunter, International Arbitration (sixth edition), Oxford University Press 2015, p. 73.

In short, to clearly select expedited arbitration in the parties' agreement at the contracting stage is ideal yet hard to be realized.

III. After the Dispute Has Arisen and Before the Constitution of Arbitral Tribunal: The Participation of Arbitration Institution

While some issues had been advanced earlier in this thesis, this chapter turns to expedited proceedings after the dispute has arisen. After the dispute has started, when complexity, nature and amount of the dispute have come into focus, the parties may make a well-founded judgment on whether to use expedited procedure or not. However, at this stage, the willingness and cooperation among the parties, to a great extent, is reducing. Especially recently parties and their counsel have become increasingly combative in respect of procedural matters.① They may be less prone to agree on procedures that could increase efficiency but more concerned in making sure that their right of due process is not affected.② Therefore, many institutional rules authorize the institution to play a role in deciding the use of expedited procedure.

In determining the application of expedited procedure, the role of institution can be categorized into three modes. In mode one, the institution is required to assist the parties in deciding the use of the expedited procedure. In mode two, the decision power is conferred on the institution. In mode three, institution bears no obligations in determining the use of expedited procedure.③ By analyzing the role

---

① 'Chapter 2: Institutional Arbitration as a Growing Phenomenon: Quantitative Growth, "Institutionalization" and "Judicialization"', in Rémy Gerbay, The Functions of Arbitral Institutions, International Arbitration Law Library, Volume 38, Kluwer Law International 2016, p. 52.

② Michael W. Bühler and Pierre Heitzmann, 'The 2017 ICC Expedited Rules: From Softball to Hardball?', Journal of International Arbitration, Kluwer Law International 2017, Volume 34 Issue 2, p. 130.

③ Mode three is about CIAC, CADR, AIAC, PCA Hungarian Chamber of Commerce and Industry Rules. Under these rules, the parties decides the use of expedited procedure, which means there is no interactions of the three arbitration players but the effects of party autonomy on the threshold of expedited procedure in each stage of arbitral proceeding. How party autonomy functions after the arising of the dispute has been discussed at the beginning of this chapter, so it will not be addressed in the following paragraphs of this chapter or the next chapter.

of the institution played at this stage, we can find the relationship between parties and institutions and their interaction in deciding the use of expedited procedure.

3.1 Mode One: Joint Effort of Parties and Institution

There are arbitration institutions like Vienna International Arbitral Centre (VIAC) which acts as a reminder to remind the parties, in the standard letters confirming the receipt of the statement of claim and when forwarding the statement of claim to the respondent, of the fact that they may agree on expedited procedure at this stage.① VIAC stated in *The Responses to the UNCITRAL Questionnaire on Expedited Arbitration* shows that the caseload of expedited arbitration under this approach is handful and further explained that it is probably due to the fact that they totally rely on parties' common consent to opt-in and there is no automatic monetary threshold.

SCC and DIS are institutions that also depend on party autonomy to trigger expedited procedure and there is no monetary threshold as well, but they go a step further on controlling the use of expedited procedure with advice and persuasion. The DIS introduces the Dispute Management Rules (the "DMR"), under which the DIS may appoint the Dispute Managers to "advise and assist the parties in selecting the dispute resolution mechanism best suited for resolving their dispute".② Once the parties have agreed on the use of Dispute Manager Rules, they agree to make joint efforts with the Dispute Manager to agree on an appropriate dispute resolution procedure during the dispute management proceeding. However, keeping a consistently less heavy approach to the

---

① Responses to the UNCITRAL questionnaire on expedited arbitration, updated in January 2020, p. 24.

② 2018 DIS Arbitration Rules Article 2.2: The DIS appoints Dispute Managers pursuant to Dispute Management Rules (Annex 6) when one or more of the parties so request and none of the parties object thereto. Dispute Managers advise and assist the parties in selecting the dispute resolution mechanism best suited for resolving their dispute. Any party, or the parties jointly, may request the appointment of a Dispute Manager, either prior to the filing of a Request for Arbitration or at any time during the course of the arbitration.

2018 DIS Arbitration Rules Annex 6 Article 4.2: During the joint consultation, the Dispute Manager shall comprehensively consult and assist the parties in deciding upon the selection and design of the dispute resolution procedure.

proceedings, DIS may appoint the Dispute Manager for the case under the request of one or more parties and when none of the parties object to this[①] and the Dispute Manager is only authorized to make proposals which are not binding. Similarly, the SCC will assess whether a dispute is suited for expedited arbitration by considering if complexity and nature of the dispute is manageable through limited written submissions and without extensive oral evidence.[②] Then based on its assessment, the SCC may invite the parties to agree to the expedited arbitration rules or the regular arbitration rules.[③] Also, in practice, it appears that it is common for parties to agree in arbitration clause to entrust the SCC with the authority to decide whether the expedited provisions shall apply or not.[④] In this way, the SCC can exercise discretion and make decision on this issue with

① 2018 DIS Arbitration Rules Article 2.2 and Annex 6 Article 1.1. These articles indicates that the DMR will not automatically apply to each case but will only come into play with all parties at least implicitly approving his appointment. See also the interpretation of this article from David Quinke, '§2.01: Introductory Provisions, Article 2: Role of the DIS', in Gustav Flecke-Giammarco, Christopher Boog, et al. (eds), The DIS Arbitration Rules-An Article-by- Article Commentary, Kluwer Law International 2020, p. 103.

② Expedited Arbitration at the SCC: One Year with the 2017 Rules, Anja Havedal Ipp (Arbitration Institute of the Stockholm Chamber of Commerce, April 2, 2018. http://arbitrationblog.kluwerarbitration.com/2018/04/02/expedited-arbitration-scc-one-year-2017-rules-2/, accessed March 25, 2020. In this article, the author wrote: "A new provision was introduced in the 2017 Expedited Rules whereby the SCC may invite the parties to "upgrade" to the regular Arbitration Rules (Art 11)", which indicates that the SCC's persuasion is bidirectional in between expedited procedure and regular one.

③ 2017 SCC Expedited Rules Article 11: After receiving the Answer, and prior to the appointment of the Arbitrator, the SCC may invite the parties to agree to apply the Arbitration Rules with either a sole or three arbitrator (s), having regard to the complexity of the case, the amount in dispute and any other relevant circumstances.

④ 'Chapter 3: An Overview of the Activities of Arbitral Institutions: Institutional Arbitration as a Multifacted Reality', in Rémy Gerbay, The Functions of Arbitral Institutions, International Arbitration Law Library, Volume 38, Kluwer Law International 2016, p. 62.

In fact, the SCC provide a model clause for this on the website: "...The Rules for Expedited Arbitrations shall apply, unless the SCC in its discretion determines, taking into account the complexity of the case, the amount in dispute and other circumstances, that the Arbitration Rules shall apply. In the latter case, the SCC shall also decide whether the Arbitral Tribunal shall be composed of one or three arbitrators ..."

https://sccinstitute.com/our-services/model-clauses/english/, accessed April 30, 2020.

the authorization from the parties. The statistics for the SCC case load show that this mode works out successfully. In 2019, 52 cases out of 107 (arbitrations registered under the SCC Arbitration Rules) were registered under the SCC Rules for Expedited Arbitrations, and more than 50% of the awards under the SCC Rules for Expedited Arbitration in 2019 were rendered within three months from referral. Another 45% of the awards were rendered within three to six months.[①] The statistics of the case load may reflect the popularity of expedited procedure as well as the effectiveness of the use of Article 11. The statistics of the duration of the proceeding indicate that the SCC's mode is effective to select manageable disputes for the expedited procedure.

The approach of the VIAC, the DIS and the SCC suggests a joint effort of parties and institution to choose the proper procedure, in which the institutions function as a reminder, an adviser or an assistant to fill the gap of the reducing common consent between the parties and foster the parties in selecting an appropriate procedure for their dispute when the facts and issues of the case have become clear.

3.2 Mode Two: Decided by Institution

Different from the role of a reminder, an adviser and an assistant, the HKIAC, SIAC and ICC rules endow institution with the discretionary power and decision power to ensure the proper use of expedited procedure. It is a mechanism whereby expedited arbitration could apply without the explicit agreement of all the parties or upon the request of one the parties but be triggered by the institution's decision based on its assessment of the case and other relevant circumstance. Under this mechanism, institution leads the choice of procedure and party autonomy is merely one of the parameters for institution's discretion.

Under 2018 HKIAC Rules, HKIAC[②] is empowered to decide whether the

---

① https://sccinstitute.com/statistics/, accessed April 30, 2020.

② 2018 HKIAC Rules Article 2.4 References to "HKIAC" are to the Council of HKIAC or any other body or person designated by it to perform the functions referred to herein, or, where applicable, to the Secretary-General of HKIAC and other staff members of the Secretariat of HKIAC.

expedited procedure shall apply to an arbitration or not.① To be specific, the Proceeding Committee② decides on the first and third criteria, i.e. amount of the claim and exceptional urgency, and the Secretary–General decides on the second criteria where parties agree on the application of expedited procedure. Similarly, when a party filed an application for expedited procedure, the President of SIAC may grant or deny that application considering the view of the parties and the complexity of the case.③ It should be noticed that such decision power of HKIAC and SIAC will not be activated on their own initiative but upon a party's request. However, under ICC Rules, the Court can opt–out the expedited procedure either under the request of a party or on its own motion.④ If the Court, after assessing the certain circumstances of the case, determines on its own motion that the expedited procedure is not appropriate to the case, then the expedited procedure shall not apply. In 2018, there were 115 requests to opt in to the expedited procedure in matters not automatically covered by it (out of which 20 were accepted) .⑤

Compared to solely relying on party autonomy, the decision made by institution, with the professional and comprehensive analysis, can select the proper case for the

---

① Responses to the UNCITRAL questionnaire on expedited arbitration, updated in January 2020, p. 29.

② According to the introduction on the HKIAC's official website, the Proceedings Committee a body mandated by the HKIAC Council primarily to: ... (2) exercise all other powers vested in HKIAC by the arbitration rules issued by HKIAC to the extent that such powers are not exercised by the Appointments Committee or the Secretariat; ... https://www.hkiac.org/about–us/council–members–and–committees/proceedings–committee, accessed on May 1, 2020.

③ 2016 SIAC Rules Rule 5.2: Where a party has filed an application with the Registrar under Rule 5.1, and where the President determines, after considering the views of the parties, and having regard to the circumstances of the case, that the arbitral proceedings shall be conducted in accordance with the Expedited Procedure ...

④ 2017 ICC Rules Article 30.3 (c): ...or c) the Court, upon the request of a party before the constitution of the arbitral tribunal or on its own motion, determines that it is inappropriate in the circumstances to apply the Expedited Procedure Provisions.

⑤ Abu Dhabi, More efficiency, transparency and diversity in ICC Arbitration, March 4, 2019. https://iccwbo.org/media–wall/news–speeches/more–efficiency–transparency–and–diversity–in–icc–arbitration/, access May 25, 2020.

expedited procedure in a more accurate manner. Then how to properly exercise its discretion and whether the institution's decision will marginalize party autonomy? We may revisit the potential risk in exercising discretion and the role of party autonomy and institution's decision power on determining the use of expedited procedure at this stage.

3.2.1 Potential Risks in Institution's Discretion

Institution's discretion means to weigh comments or arguments put forward by the parties and balance different factors, including legal factors, non-legal/factual factors (e.g. time, cost...) and even risks (e.g. liability...).[①] In deciding the application of the expedited procedure, the institutions discretionary power is aimed at selecting the suitable cases for the expedited procedure by "considering the views of the parties",[②] "having regard to the circumstances of the case".[③]

The potential risk triggered by institution's discretionary power here is more about to what extent the discretion is well exercised and how to ensure the proper exercising of institution's discretionary power. If these two questions are well addressed, the decision followed by the discretion could be well accepted by the parties.

Noble Resources International Pte Ltd. v Good Credit International Trade Co. Ltd. case may provide us with some reference about the exercising of the discretion.[④] In this case, the respondent objected the expedited procedure based on

① 'Chapter 4: The Traditional Representations of the Role of Institutions: A Critical Evaluation', in Rémy Gerbay, The Functions of Arbitral Institutions, International Arbitration Law Library, Volume 38, Kluwer Law International 2016, p. 177.

② 2018 HKIAC Rules Article 42.2: When HKIAC, after considering the views of the parties, grants an application made pursuant to Article 42.1, the arbitral proceedings shall be conducted in accordance with an Expedited Procedure based upon the foregoing provisions of these Rules, subject to the following changes: (...).

③ 2016 SIAC Rules Rule 5.2: Where a party has filed an application with the Registrar under Rule 5.1, and where the President determines, after considering the views of the parties, and having regard to the circumstances of the case, that the arbitral proceedings shall be conducted in accordance with the Expedited Procedure, the following procedure shall apply: (...).

④ Noble Resources International Pte Ltd. v Good Credit International Trade Co. Ltd. (2016) 沪 01 协外认 1 号, https://wenshu.court.gov.cn/website/wenshu/181107ANFZ0BXSK4/index.html?docId=3977ca869daa4df39c87a7e0016e1525, accessed May 1, 2020.

two arguments towards SIAC's discretionary power. Firstly, the amount of the claim may be underestimated by SIAC since the counterclaim and set-off claim was not confirmed by the time of granting expedited procedure. Secondly, the respondent had written four times to SIAC to illustrate the objection to expedited procedure and provided detailed reasons, while the SIAC did not reply to any of them. Later in the enforcement procedure, the respondent's objection to the expedited procedure was dismissed by the court, since the court confirmed that the amount of the claim is within the threshold for expedited procedure and the parties did not explicitly opt out of the expedited procedure in their arbitration agreement.

Though the respondent's objection is dismissed, it reminds the institution that when receiving the application for the expedited procedure, attention should be paid to verify the amount of the claim and to confirm the parties' agreement. In order to ensure the discretionary power is properly exercised, it seems necessary to use techniques to allow parties to fully present their views, such as inviting the parties to comment on this issue in writing before making any decision. In addition, making the consultation proceeding more transparent to the parties may be helpful to enhance parties' understanding to the decision. Nevertheless, under SIAC Rules and HKIAC Rules, the institution has no obligation to provide reasons for such decisions, [①] which allow the institutions keep their discretion not open to the parties.

3.2.2 Institution's Decision power and "Party Autonomy Paradox"

Different from a proposal or an advise which is open to a possible agreement

---

① 2018 HKIAC Rules Article 2.2: HKIAC has no obligation to give reasons for any decision it makes in respect of any arbitration commenced under these Rules. Unless otherwise determined by HKIAC, all decisions made by HKIAC under these Rules are final and, to the extent permitted by any applicable law, not subject to appeal.

2016 SIAC Rules Rule 40.1: Except as provided in these Rules, the decisions of the President, the Court and the Registrar with respect to all matters relating to an arbitration shall be conclusive and binding upon the parties and the Tribunal. The President, the Court and the Registrar shall not be required to provide reasons for such decisions, unless the Court determines otherwise or as may be provided in these Rules. The parties agree that the discussions and deliberations of the Court are confidential.

of the parties, decision coming after exercising of discretion, is an outcome with binding effect and not subject to the acceptance or the rejection by the parties. "Although the functions of an arbitral institution are generally characterized as administrative, some of an institution's decisions may have considerable impact on a case..." ① Institution's decision to opt-in or opt-out expedited procedure is material and crucial, since it determines part of the legal framework applicable to the procedure of the arbitration by influencing the number of arbitrators, the number of submissions to be made by the parties, whether or not there shall be a hearing, etc.②

The tension between institution's decision and party autonomy on choosing of expedited procedure seems not so intensified. Partly because, there are few arbitration agreements that explicitly opt-in or opt-out the expedited procedure. Lack of parties' specific choice, the divergence in the application of the expedited rules is more about the interpretation of parties' agreement on which version of arbitration rules should apply rather than the exercising of the institution's decision and its influence over parties' choice. For example, in *AQZ v. ARA*, the issue of expedited procedure is not triggered by the disagreement between parties' choice and institution's decision. It is more about which version of arbitration rules should be applied, the one at the date of the contract or the one at the date of commencement of arbitration which contains expedited procedure. Also, even if the explicit agreement on adopting or excluding of the expedited procedure is absent, HKIAC, SIAC and ICC Rules have conditionally endowed institution the power to decide the use of the expedited procedure. However, it is still obscure that whether the arbitral institution's decision made by exercising its discretion granted by its rules, can "overrule" a contrary choice explicitly expressed by the

---

① Eric A.Schwartz, "The Role of the Arbitral Institution in the New Millennium, Arbitration Vol. 65 No. 4, 1999, p. 325.

② 'Chapter 4: The Traditional Representations of the Role of Institutions: A Critical Evaluation', in Rémy Gerbay, The Functions of Arbitral Institutions, International Arbitration Law Library, Volume 38, Kluwer Law International 2016, p. 62.

parties. If the answer is affirmative, then how to justify such power?

To be specific, if the parties have explicitly opted in the expedited procedure in their arbitration agreement, will it be problematic if the ICC Court determines that it is inappropriate to apply expedited rule under this circumstance?[①] When the parties have explicitly opted out the expedited procedure in arbitration agreement but later one of the parties filed an application for the use of expedited procedure on basis of "exceptional urgency", can the institution grant the application and impose such decision over the parties' agreement on the basis of "exceptional urgency"? Theoretically speaking, where the institution has the discretion to decide matters concerning the administration of the proceedings, party agreements should trump the discretion of the institution to avoid potential damage to both the attractiveness and the legitimacy of institutional arbitration.[②] However, it is not always the case in practice, especially in the context of expedited arbitration. We may analogically refer to the case about the number of arbitrator. In *W Company v Dutch Company and Dutch Holding Company* case where under SIAC expedited procedure, a sole arbitrator rejected a challenge to his jurisdiction brought on the basis that the parties' agreement required the appointment of three arbitrators. The arbitrator reasoned that, when parties chose the SIAC Rules to govern the arbitration, they accepted the entirety of the SIAC Rules including the Expedited Procedure together with the discretionary and decision powers that the Rule reserves to the SIAC to administer and guide the proceedings.[③] In other words, by freely choosing an institution arbitration, the parties implicitly validate the discretionary powers and the decision powers of the institution which may limit the party autonomy. But why in this "party autonomy

① 2017 ICC Rules Article 30.3 (c)...the Court, upon the request of a party before the constitution of the arbitral tribunal or on its own motion, determines that it is inappropriate in the circumstances to apply the Expedited Procedure Provisions.

② Klaus Peter Berger, 'Institutional Arbitration: Harmony, Disharmony and the "Party Autonomy Paradox"', Arbitraje: Revista de Arbitraje Comercial y de Inversiones, Kluwer Law International; IproLex 2018, Volume 11 Issue 2, p. 336.

③ W Company v Dutch Company and Dutch Holding Company [2012] 1 SAA 97, para 19.

paradox", [①] should parties' explicit agreement surrender to institution's power derived from the rules that parties' implicitly agreed on? The arbitrator in *W Company v Dutch Company and Dutch Holding Company* case holds that there is no contradiction between parties' explicit choice and institution's decision. On the contrary, it is precisely the parties' choice of the SIAC Rules that requires acceptance of the Chairman's decision", [②] since otherwise the parties should have further explicitly stipulated that "there shall be three arbitrators even if the proceedings were under the Expedited Procedure". [③] Same conclusion is drawn in *AQZ v. ARA* case where the arbitration agreement explicitly stipulated that the arbitral tribunal should consist of three arbitrators, the institution, pursuant to arbitration rules at the commencement of dispute, directed that the arbitration conducted under expedited procedure with a sole arbitrator. The Singapore High Court supported the institution's decision by reasoning that "a commercially sensible approach to interpreting the parties' arbitration agreement would be to recognize that the SIAC President does have the discretion to appoint a sole arbitrator." [④] Partly because the institution, by taking the complexity of the disputes, the amount of the claim and party autonomy into consideration, is in a better position to make sensible decisions to enhance the efficiency of the procedure while reducing the unwelcoming side-effects resulted from acceleration. Following the logic of these two judgments, the institution can make and impose decision which is different from parties' explicit choice on the use of expedited procedure. When parties agreed on arbitration rules of a certain

---

① Klaus Peter Berger defines "party autonomy paradox" in Institutional Arbitration: Harmony, Disharmony and the "Party Autonomy Paradox"' as "by agreeing to institutional arbitration as an exercise of party autonomy, the parties would at the same time agree to limit that very same autonomy". Klaus Peter Berger, 'Institutional Arbitration: Harmony, Disharmony and the "Party Autonomy Paradox"', Arbitraje: Revista de Arbitraje Comercial y de Inversiones, Kluwer Law International; IproLex 2018, Volume 11 Issue 2, p. 338.

② *W Company v Dutch Company and Dutch Holding Company* [2012] 1 SAA 97, para 19.

③ *W Company v Dutch Company and Dutch Holding Company* [2012] 1 SAA 97, para 19.

④ *AQZ v. ARA* [2015] SGHC 49, p. 66.

institution, they activate and agree on the discretionary power and decision power of that institution to which parties' explicit consent consequently become a relevant factor. But as considered by UNCITRAL Working Group II in *Draft provisions on expedited arbitration*, such decision, running contrary to the will of the parties, may however pose challenges in the enforcement.①

However, in *Noble Resources International Pte. Ltd v. Shanghai Good Credit International Trade Co., Ltd.* case, Shanghai No.1 Intermediate People's Court reached a opposite conclusion under identical procedural facts to *AQZ v. ARA*. The court held that the 2013 SIAC Rules neither excluded the adoption of an alternative composition of the tribunal in proceedings conducted under the expedited procedure, nor does it specify that the President of SIAC's decision, made under Article 5.2 (b), on the appointment of a sole arbitrator can "overrule" what the parties have agreed on the composition of a three-member tribunal.② Since party autonomy is the cornerstone of international commercial arbitration, Article 5.2 (b) of the SIAC Rules stipulating "... unless the President determines otherwise" should not be interpreted that it endows the President of SIAC absolute discretion on the composition of the tribunal. On the contrary, it requires the President, when exercising its discretion, to give full consideration to the parties' agreement on the three-member tribunal in order to preserve party autonomy.③ Different from the Singapore's approach, Shanghai No.1 Intermediate People' s Court held that parties' procedural choice expressed in their arbitral agreement

---

① Settlement of commercial disputes: Draft provisions on expedited arbitration, A/CN.9/WG.II/WP.209, p. 7.

② Noble Resources International Pte Ltd. v Good Credit International Trade Co. Ltd. (2016) 沪01协外认1号. https://wenshu.court.gov.cn/website/wenshu/181107ANFZ0BXSK4/index.html?docId=3977ca869daa4df39c87a7e0016e1525, accessed May 1, 2020.

Also refer to "PRC Court refuses to enforce SIAC arbitral award made by one arbitrator under expedited arbitration procedures when arbitration agreement provided for three arbitrators" for the translation of the judgment, https://www.hoganlovells.com/en/publications/prc-court-refuses-to-enforce-siac-arbitral-award-arising-out-of-the-expedited-procedure-where-arbitration-agreement-provided-for-three-arbitrators, access on June 2, 2020.

③ Ibid.

trumps institution's discretionary power activated by parties' implied choice of the rules. If applying this reasoning to the use of the expedited procedure, parties' explicit choice shall consequently prevail.

The two opposing court decisions unfold the uncertainty in the relationship between parties' explicit choice and the institutions' discretionary powers under provisions. This uncertain relationship further mirrors the balance between party autonomy and procedural efficiency in expedited procedure. Currently, in respect of the expedited procedure, SIAC and ICC revise their rules by including provisions to clarify that the expedited arbitration rule that agreed by the parties "shall take precedence over any contrary terms of the arbitration agreement".[①] The approach they took may shed light on their tentative stance in settling the potential conflicts between the will of the parties and the discretion of the institution when deciding the use of expedited proceedings. However, this provision is controversial within the international arbitration community as there are opinions hold that it risks marginalizing party autonomy in cases where the arbitration agreement provides for a opposite terms.

3.3 Summary

After the start of dispute and before the composition of arbitral tribunal, arbitration institution joins the activity in determining the use of expedited procedure. The role of the institutions varies from reminder, adviser, assistant to decision maker. The SCC, ICC, HKIAC and SIAC, with more intervention to the selection of procedure turn out to gain a satisfying result with efficient proceeding, high-quality awards and short time limit to render an award, which not only reflects the feasibility and effectiveness of their expedited procedure as

① 2016 SIAC Rules Rule 5.3: By agreeing to arbitration under these Rules, the parties agree that, where arbitral proceedings are conducted in accordance with the Expedited Procedure under this Rule 5, the rules and procedures set forth in Rule 5.2 shall apply even in cases where the arbitration agreement contains contrary terms.

2017 ICC Rules Article 30.1: 1 By agreeing to arbitration under the Rules, the parties agree that this Article 30 and the Expedited Procedure Rules set forth in Appendix VI (collectively the "Expedited Procedure Provisions") shall take precedence over any contrary terms of the arbitration agreement.

a whole, but also confirms the satisfying effect of their thresholds in deciding the use for expedited procedure.

As to the relationship between party autonomy and institution's power in choosing the expedited procedure at this stage, there is a "party autonomy paradox" when the absolute party autonomy is restrained by the intervention of institution. In the newly revised SIAC and ICC Rules, though the hierarchy between parties' explicit choice and institution's discretion in expedited procedure has been clarified, the approach has been much debated in a view that it may run contract to party autonomy. From *AQZ v. ARA* case and *Noble Resources International Pte. Ltd v. Shanghai Good Credit International Trade Co., Ltd.* case, both Singapore High Court and Shanghai No.1 Intermediate People's Court affirmed institution's discretionary and decision power. Their divergence lies in when exercising its discretion, should institution absolutely respect party autonomy presented in their agreement or stress more about procedural efficiency after taking relevant factors into account? To sum up, as to whether the institution may make opposite decision against parties' agreement on the use of the expedited rule, the answer depends on the arbitration rules the parties agreed on as well as the jurisdiction where the enforcement of the award takes place.

IV. After the Constitution of Arbitral Tribunal: The Proactivity of Arbitral Tribunal and Institution

When the arbitral tribunal is established, the control of the proceedings begins to pass to the tribunal. When it comes to the tribunal's role in the conduct of the proceedings, Redfern and Hunter describe that if we compare international commercial arbitration to a ship, then the parties are shipowners, but the arbitral tribunal is the captain who is in command of the ship.[①] Especially after case management conference and the issue of procedural orders, the control of the

① Nigel Blackby, Constantine Partasides QC, Alan Redfern and Martin Hunter, International Arbitration (sixth edition), Oxford University Press 2015, p. 354.

arbitral proceeding is gradually shifting to the arbitral tribunal because it is the tribunal's obligation to conduct the arbitral proceeding in an expeditious and efficient manner.[①] Notably, with the expansion of the institution's power, the role of the institution is also of great importance in shaping the arbitral proceedings. In this chapter, the proactivity of arbitral tribunal as well as institution will be discussed.

At this stage, under most of the arbitration rules, the cases have already passed the gateway of the expedited procedure. The arbitral tribunal/institution's proactivity mainly present by their power to reverse the undergoing expedited procedure to the regular one, where parties' opinions serve as a reference for their discretion. However, under 2018 DIS Rules, arbitral tribunal assumes an active responsibility in helping parties decide on expedited procedure.

4.1 Case Management Conference: Last Chance to Opt-in the Expedited Procedure

Case management conference is a tool for the arbitrator to discuss with the parties and establish an appropriate arbitration procedure for the case. It usually takes place after the decision of adopting or excluding the expedited procedure. Under most arbitration rules, the decision on the application of expedited procedure is usually made (either by the parties or by the institution) before the appointment of the arbitral tribunal. Thus, the arbitral tribunal discusses the procedure with the parties on case management conference within the selected procedural framework (either regular procedure or expedited procedure) but plays no role in deciding the use of the expedited procedure. However, under 2018 DIS Rules, arbitral tribunal has the obligation to confirm with the parties about whether to use the expedited procedure.

As discussed in chapter 2 and chapter 3, under DIS Rules, the use of expedited procedure is completely depend on parties' agreement. Before the constitution of arbitral tribunal, the parties may apply to the institution

① Thomas H. Webster, Party Control in International Arbitration, Arbitration International, Vol. 19, No. 2, LCIA 2003, p. 138.

for a Dispute Manager to assist the selection of the procedure. After the constitution of the arbitral tribunal, tribunal is obliged to discuss with the parties the procedural rules in case management conference.① Meanwhile, the DIS Secretariat supervises that the arbitrator (s) fulfill the obligation to discuss the application of expedited procedure during the case management conference.②

The threshold of DIS preserves the party autonomy and requires arbitral tribunal to take an active role as an assistant and adviser by giving professional suggestions on the selection of the procedure. However, the room of consideration for the parties and the professional guidance from arbitral tribunal may be obtained at the cost of extra time and money, which may risk the spirit of expedited procedure. Since the arbitral tribunal is constituted before the confirmation of procedure, it is comprised under DIS regular rules rather than expedited procedure (see figure–2) . According to DIS Rules Article 10.1 and 10.2, except (1) there is no parties' agreement on sole arbitrator, or (2) the Arbitration Council does not grant the request, or (3) no party has requested the decision by a sole arbitrator, the default of a decision by an arbitral tribunal comprised of three members applies.③ Generally speaking, three–member tribunal is less expedited and more costly. Therefore, unless the parties or the Arbitration Council makes accurate and visionary decision on the number of the arbitrator, the advantage derived from DIS's unique threshold may dim the procedural efficiency.

① 2018 DIS Rules Article 27.4: During the case management conference, the arbitral tribunal shall discuss with the parties the procedural rules to be applied in the proceedings pursuant to Article 21, as well as the procedural timetable.

② Responses to the UNCITRAL questionnaire on expedited arbitration, updated in January 2020, p. 29.

③ Anke Meier and Lucie Gerhardt, '§2.03: The Arbitral Tribunal, Article 10: Number of Arbitrators', in Gustav Flecke–Giammarco, Christopher Boog, et al. (eds), The DIS Arbitration Rules–An Article–by–Article Commentary, Kluwer Law International 2020, p. 195.

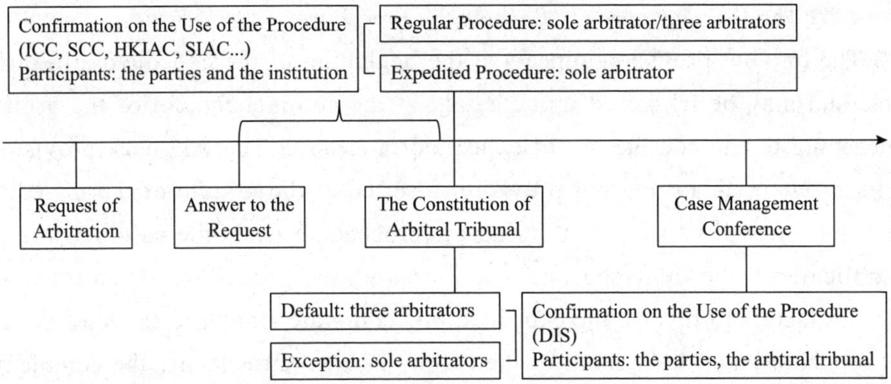

(figure-2)

4.2 Fall-back Provision: Possibility to Opt-out the Expedited Procedure

It is possible that the expedited arbitration may turn out to be inappropriate during the proceeding. There is one case under the 2013 HKIAC Rules where the Claimant, after succeeding in its application for the expedited procedure under the first criterion (amount in dispute), sought the discontinuance of the expedited procedure on the ground that it subsequently expected the amount in dispute to exceed the threshold.① This case partially motivated the establishment of the fall-back provision in 2018 HKIAC Rules.② Thus, it is crucial to maintain the possibility and flexibility of reverting the expedited procedure to a regular procedure in the event the dispute turns out to be more complex than initially expected, or under a party's request.③

① Responses to the UNCITRAL questionnaire on expedited arbitration, updated in January 2020, p. 29.

② 2018 HKIAC Rules, Article 42.3 Upon the request of any party and after consulting with the parties and any confirmed or appointed arbitrators, HKIAC may, having regard to any new circumstances that have arisen, decide that the Expedited Procedure under Article 42 shall no longer apply to the case. Unless HKIAC considers that it is appropriate to revoke the confirmation or appointment of any arbitrator, the arbitral tribunal shall remain in place.

③ Yas Banifatemi, 'Chapter 1: Expedited Proceedings in International Arbitration', in Laurent Lévy and Michael Polkinghorne (eds), Expedited Procedures in International Arbitration, Dossiers of the ICC Institute of World Business Law, Volume 16, International Chamber of Commerce (ICC) 2017, p. 13.

4.2.1 The Circumstances to Reverse the Procedure

The opt-out provision appears at the beginning of the expedited arbitration rules and may be triggered immediately at the commencement of the arbitral proceeding to exclude the use of expedited procedure. The fall-back provision, in its essence, is an opt-out provision inserted at the middle of the expedited procedure. It will be triggered during the proceeding when the case become too complicated to be managed under the streamlined procedure. Therefore, the relevant factors to reverse the expedited procedure are similar to the ones in opt-out provision, i.e. the amount of the claim, parties' agreement, the complexity of the case. However, since the fall-back provision will further entail a series of changes in procedure, there is more restraints on the use of the fall-back provision than the opt-out one.

As per the amount of the claim, in the event that a party amends its claim or counterclaim causing the amount of the claim exceeding the monetary threshold, the proceedings will not be automatically reversed to the regular one. Under 2018 HKIAC Rules, a party may make a request on this basis to the institution and the institution will make the final decision on it. Under the 2014 The International Dispute Resolution Procedures of International Centre for Dispute Resolution (ICDR Rules) and 2015 The Arbitration Rules of China International Economic and Trade Arbitration Commission (CIETAC Rules), the proceedings will be turned to the regular one only if both parties agree or the arbitrator/institution finds it necessary.① However, in fact, the 2014 ICDR Rules and the 2017 ICC Rules prohibit the parties from making any new claims after the tribunal has been constituted.② Similarly, under the SCC Rules for Expedited Arbitrations, the

① 'Chapter 10: Special Procedures and Procedural Innovations', in Arif Hyder Ali, Jane Wessel, et al., The International Arbitration Rulebook: A Guide to Arbitral Regimes, Kluwer Law International 2019, p. 595.

② 2014 ICDR Rules Article E-5 (...) After the arbitrator is appointed, no new or different claim, counterclaim or set off and no change in amount may be submitted except with the arbitrator's consent.

2017 ICC Rules Appendix VI Article 3 (2) After the arbitral tribunal has been constituted, no party shall make new claims, unless it has been authorized to do so by the arbitral tribunal, which shall consider the nature of such new claims, the stage of the arbitration, any cost implications and any other relevant circumstances.

arbitrator may order a party to finally state its case, after which the party may not amend its claim, except for compelling reasons.[①] Thus, with the restraint on the acceptance of new claims and counterclaims, there is less possibility for the amount to exceed the monetary threshold during the proceedings and the procedure will unlikely be altered on this basis.

As to the complexity of the case, an author came up with a hypothesis that some parties will make substantial efforts to show to the arbitral tribunal and the institution that it is inappropriate to apply the expedited procedure by various procedure applications to arbitral tribunals or through the filing of lengthy submissions along with numerous exhibits.[②] Nevertheless, this occasion could be avoided if the arbitral tribunal make full use of the case management conference, for example, by specifying the sequence and the length of the submissions, and afterwards sticking to the established procedure. What's more, under expedited procedure, the arbitrators are given more power to control the proceedings and reject the parties' requests for further submissions or lengthy hearings.[③]

When looking at the expedited procedure systematically, we may find that, in order to maintain the stability of the arbitral proceedings, the trigger of the fall-back provision is fettered by other provisions. The fall-back provision is a swap button only for exceptional occasions. Then who is authorized to press the button? In order to ensure the procedural efficiency, the proactivity of the institution and the arbitration tribunal is guaranteed.

---

① 2017 SCC Expedited Rules, Article 30 (3) The Arbitrator may order a party to finally state its claims for relief and the facts and evidence relied on. At the expiration of the time for such statement, the party may not amend its claim for relief nor adduce additional facts or evidence, unless the Arbitrator, for compelling reasons, so permits.

② Michael W. Bühler and Pierre Heitzmann, 'The 2017 ICC Expedited Rules: From Softball to Hardball?', Journal of International Arbitration, Kluwer Law International 2017, Volume 34 Issue 2, p. 130.

③ Expedited Arbitration at the SCC: One Year with the 2017 Rules, Anja Havedal Ipp, April 2, 2018, http://arbitrationblog.kluwerarbitration.com/2018/04/02/expedited-arbitration-scc-one-year-2017-rules-2/, accessed March 25, 2020.

4.2.2 The Decision Power of Reversion

Echoing with the power to opt-in/opt-out the use of expedited procedure before the constitution of arbitral tribunal, 2018 HKIAC Rules and 2017 ICC Rules confer this power to the institution. The logic behind this could be explained by the Proceedings Committee's determination in the case mentioned above. It held that while all decisions made by the HKIAC under the Rules are final, the HKIAC retained discretion to revisit a previous decision where new circumstances arose.① Conversely, under 2016 SIAC Rules, the power of reversion is conferred to the arbitral tribunal. The tribunal may, "upon application by a party, and after giving the parties the opportunity to be heard", "having regard to any further information as may subsequently become available, and in consultation with the Registrar", order that the expedited procedure shall not continue to be applied to the arbitral proceedings.②

The discretionary and decision power here appear to be similar to the case where the institution decides the use of the expedited procedure. So inevitably, same risks may arise from the question-how will the institution/arbitral tribunal reach their decision? Though the institution/arbitral tribunal have to make consultation with the parties, to what extent will they take the parties' view into consideration?③ In face of these questions, ICC tries to solve it with transparency. ICC states in the foreword of its 2017 ICC Rules that under the request of one party, "the Court will now provide reasons for a wide range of important decisions." HKIAC keeps a conservative approach with 2018 HKIAC Rules 2.2 providing "HKIAC has no obligation to give reasons for any decision it makes in respect of any arbitration commenced under these Rules." Under SIAC Rules, tribunal's decision on the reversion of

---

① Responses to the UNCITRAL questionnaire on expedited arbitration, updated in January 2020, p. 29.

② 2016 SIAC Rules, Rule 5.4.

③ Christophe Seraglini and Patrick Baeten, 'Chapter 2: Expedited Rules and the Possibility of Immediate Measures once a Tribunal is Constituted', in Laurent Lévy and Michael Polkinghorne (eds), Expedited Procedures in International Arbitration, Dossiers of the ICC Institute of World Business Law, Volume 16, International Chamber of Commerce 2017, p. 43.

the procedure is in the form of an order and the effect of the order is secured by 2016 SIAC Rules Rule 27, which empowers the tribunal to "proceed with the arbitration notwithstanding the failure or refusal of any party to comply with these Rules or with the Tribunal's orders or directions..." and "to impose such sanctions as the Tribunal deems appropriate in relation to such failure or refusal."

Once the procedure is granted to be reversed to the regular one, the status of the arbitral tribunal may be overturned. Under ICC and HKIAC Rules, though in principle the arbitral tribunal shall remain in place, institution has discretion to reconstitute the arbitral tribunal or replace any arbitrator.① When the exceptional situation occurs, the former arbitral tribunal is "demoted" from the captain of arbitration to nobody. The case management conference and the term of reference (under ICC Rules) may of great possibility be reestablished by the new-formed tribunal. However, pursuant to SIAC Rules Rule 5.4, "...Where the Tribunal decides to grant an application under this Rule 5.4, the arbitration shall continue to be conducted by the same Tribunal that was constituted to conduct the arbitration in accordance with the Expedited Procedure." It seems the latter approach gives more weight to procedural efficiency, as the same tribunal may prefer to relied on the former Terms of Reference and the relating case management conference.

4.3 Summary

At this stage, arbitral tribunal, as the last but not the least player, takes part into the arbitral proceedings. The arbitral tribunal under 2018 DIS Rules, different from other expedited rules, assumes the responsibility of confirming with the parties on the use of the expedited procedure in case management conference. However, the party autonomy and professional guidance from the

---

① 2017 ICC Appendix VI Article 1.4 ...In such case, unless the Court considers that it is appropriate to replace and/or reconstitute the arbitral tribunal, the arbitral tribunal shall remain in place.

2018 HKIAC Rules Article 42.3 ...Unless HKIAC considers that it is appropriate to revoke the confirmation or appointment of any arbitrator, the arbitral tribunal shall remain in place.

tribunal under DIS Rule may ask for extra time and cost which would undermine the procedural efficiency.

The power to reverse the expedited procedure is the decision power exercised by institution or arbitral tribunal. With the intertwined rights, obligations and powers, more weight is given to the proactivity of the arbitral tribunal and the institution to reconcile the due process, efficiency and consent.[①] Furthermore, after the reversion of the procedure, the status of the arbitral tribunal may be affected, which would further influence the subsequent procedure.

V. Discussions and Conclusion

This thesis investigates the threshold of expedited procedure by analyzing the role of parties, institutions and arbitral tribunal from two dimensions, i.e. the stages of arbitral proceeding and different arbitration rules. The changing role of the three arbitration players is reflected by the distribution of the parties' right and the institution/arbitral tribunal's power, which essentially indicates the balance of the innate values of arbitration.

In the case of the threshold of expedited procedure, how to balance procedural efficiency and party autonomy is a critical issue. Balance strategies under different arbitration rules can be illustrated by the spectrum below (figure–3) . At the left side of the spectrum, the use of expedited procedure is completely relied on the party autonomy. Institution and arbitral tribunal take no role in that issue. At the middle of the spectrum, institutions, acting as a reminder, assistant or adviser, participate in choosing between regular procedure and expedited one. At the right of the spectrum, institutions have the final say.

① 'Part II: The Process of an Arbitration, Chapter 6: Establishing the Procedural Framework', in Jeffrey Maurice Waincymer , Procedure and Evidence in International Arbitration, Kluwer Law International 2012, p. 384.

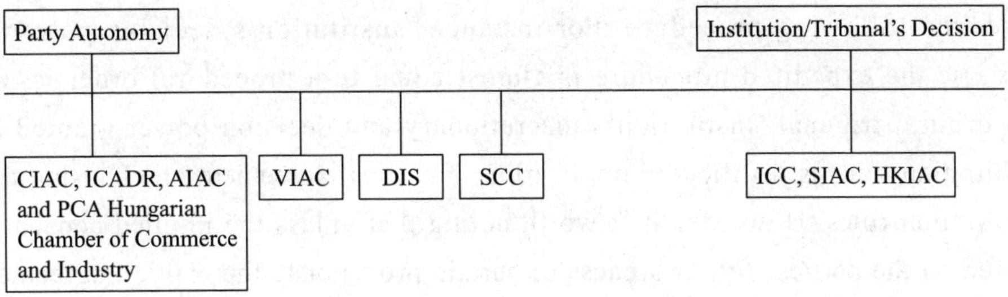

(figure-3)

Too much emphasis on parties' choice of expedited procedure may easily lead to party autonomy dilemma where parties are not able to make use of full-fledged party autonomy. Before the dispute arise, due to the lack of the predictability of the potential disputes, the parties will hesitate over whether to choose expedited procedure or not. Even if they make a decision on expedited procedure, it will be difficult for them to stipulate a valid and an appropriate agreement with an expected effect. For those arbitration rules using party autonomy as single and decisive threshold, party autonomy dilemma may result in the limited use of expedited procedure. For the arbitration rules at the right end of the spectrum, party autonomy dilemma is ended by the intervention of institution after the commencement of arbitration. Generally speaking, institution, as a neutral administrative party, is capable of making sensible and swift decision based on the analysis of relevant factors, e.g. parties' agreement, the amount of the claim, the complexity of dispute, exceptional urgency and relied on its professional judgment and administration experience. It is not surprising for some arbitration rules give more weight to the power of institution in expedited procedure. However, the frequently occurred issue on the number of arbitrators in expedited procedure warns the potential conflicts of party autonomy and institution's decision on the use of expedited procedure. Such conflicts is intensified by the expansion of the institution's power.

Contrary to the traditional representation, the role of arbitration institution under some arbitration rules is now well exceeding a purely administrative assessment, since the decisions made by institution may have material influence over the following procedure. For instance, institution's decision power to reverse the expedited procedure is almost equal to a procedural order issued by arbitral tribunal. Institution's discretionary and decision power granted by arbitration rules is justified by implication of parties' agreement on choosing that arbitration rules. However, it is worth noting that unless the implied consent is based on the parties' full awareness of certain provisions, the explicit agreement may reflect the parties' will with more accuracy. Then, can we take it for granted that the parties are aware of specific provisions of expedited procedure (e.g. sole arbitrator as a mandatory provision) when they consent to the arbitration under certain arbitration rules?[①] If not, how to bridge the gap between parties' awareness and the provisions? The client-oriented guideline is necessary to provide parties a through view of rules with official interpretation of provisions, suggestions for parties' choice, answers for frequently inquired questions, etc.

As aforementioned, by agreeing to arbitration rules as exercising party autonomy, the parties at the same time agree to limit that very same autonomy to the framework of the chosen arbitration rules. Such "party autonomy paradox" sharpens conflicts when parties' explicit agreement (i.e. arbitration clause/agreement) disagrees with their implied agreement (i.e. institution's decision granted by arbitration rules) .This conflicts may be relieved in upgrading the way of exercising institution's power. As the institution has no obligation to give reasons for its decision, it is hard for the parties to know institution's consideration when the decision goes contrast to the parties' explicit agreement. Should the decision process become more transparent, there will be more understanding from the parties and consequently less enforcement problems. The transparency depends on the communication between institution and parties. For instance, if parties are allowed to comment on institution's decision, and

① Christophe Seraglini and Patrick Baeten, 'Chapter 2: Expedited Rules and the Possibility of Immediate Measures once a Tribunal is Constituted', in Laurent Lévy and Michael Polkinghorne (eds), Expedited Procedures in International Arbitration, Dossiers of the ICC Institute of World Business Law, Volume 16, International Chamber of Commerce 2017), p. 42.

in turn, institution may reply to their comment to clarify issues and eliminate misunderstandings. Also, under the request of a party or on other conditions, the institution may brief its consideration in a summary form for its decision, at least, to prove that the parties' explicit choice is taken into consideration.

The proactivity of arbitral tribunal is less obvious at the threshold of the expedited procedure. Because under most arbitration rules, the constitution of arbitral tribunal takes place after the determination of the procedure. However, once the arbtiral tribunal is appointed, institution will take arbitral tribunal's view into account or consult with arbitral tribunal before making decision. With the participation of arbitral tribunal, the decision-making process turn out to be more cautious and professional.

The investigation and analysis above lead to the exploration of the "best" threshold which can well preserve party autonomy as well as procedural efficiency. Does the "best" threshold exist? From an objective perspective, the answer is negative. The point of the threshold of the expedited procedure is two-folded. On the one hand, it acts as the gateway of expedited procedure to filter unsuitable cases and to ensure that the case entering into expedited procedure is manageable. On the other hand, as a part of expedited procedure, the threshold itself should keep in line with the spirit of expedited procedure, which means the need to balance the efficiency of the arbitral proceedings and the rights of the parties to due process and to fair treatment① also exists in designing the threshold. Controversially, through investigating the relationship among three arbitration players from two dimensions, we may find it is impossible to strengthen one value without undermining another. When party autonomy conflicts procedural efficiency, Working Group II of UNICTRAL suggests that parties' consent is indispensable in the use of expedited procedure.② Balance, choice and even sacrifice among innate values are always existing in arbitration, which makes the "best" threshold impossible. But techniques, like guidelines for users and

① Report of Working Group II (Dispute Settlement) on the work of its sixty-ninth session, A/CN.9/969, p. 5.

② Report of Working Group II (Dispute Settlement) on the work of its seventieth session, A/CN.9/1003, p. 5.

communication tools between parties and institution/arbitral tribunal, can be taken to improve the interaction among three arbitration players thus improve the functioning of threshold.

Bibliography

International Convention

United Nations Convention on the Recognition and Enforcement of Foreign Arbitral Awards (New York, 19 June 1958)

Case Law

AQZ v. ARA [2015] SGHC 49

Black & Vetach, Singapore Pte Ltd v Jurong Engineering Ltd [2004] 4 SLR 19

BXS v. BXT [2019] SGHC (I) 10

Navigator Investment Services Ltd v Acclaim Insurance Brokers Pte Ltd [2010] 2 SLR 25

Noble Resources International Pte Ltd. v Good Credit International Trade Co. Ltd. (2016) 沪 01 协外认 1 号

W Company v Dutch Company and Dutch Holding Company [2012] 1 SAA 97

Arbitration Rules

2018 DIS Rules

2018 HKIAC Rules

2014 ICDR Rules

2019 JCAA Rules

2016 SIAC Rules

Documents

Effective Management of Arbitration: A Guide for In-House Counsel and Other Party Representatives (International Chamber of Commerce 2014)

ICC Commission Report—Techniques for Controlling Time and Costs in Arbitration (International Chamber of Commerce 2007)

Note to Parties and Arbitral Tribunals on the Conduct of the Arbitration Under the ICC Rules of Arbitration (International Chamber of Commerce 2019)

Responses to the UNCITRAL Questionnaire on Expedited Arbitration

(UNICITRAL Working Group II, updated in January 2020)

Report of Working Group II (Dispute Settlement) on the work of its sixty-ninth session, A/CN.9/969 (UNCITAL Working Group II, February 2019)

Settlement of commercial disputes: Draft provisions on expedited arbitration, A/CN.9/WG.II/WP.209 (UNCITAL Working Group II, July 2019)

Report of Working Group II (Dispute Settlement) on the work of its seventieth session, A/CN.9/1003 (UNICITRAL Working Group II, October, 2019)

Books

Arif Hyder Ali, Jane Wessel, et al., The International Arbitration Rulebook: A Guide to Arbitral Regimes (Kluwer Law International 2019)

Gustav Flecke-Giammarco, Christopher Boog, et al. (eds), The DIS Arbitration Rules-An Article-by-Article Commentary (Kluwer Law International 2020)

Jeffrey Maurice Waincymer, Procedure and Evidence in International Arbitration (Kluwer Law International 2012)

Klaus Peter Berger, 'Institutional Arbitration: Harmony, Disharmony and the "Party Autonomy Paradox"', Arbitraje: Revista de Arbitraje Comercial y de Inversiones (Kluwer Law International; IproLex 2018, Volume 11 Issue 2)

Laurent Lévy and Michael Polkinghorne (eds), Expedited Procedures in International Arbitration, Dossiers of the ICC Institute of World Business Law, Volume 16, (International Chamber of Commerce 2017)

Manuel Arroyo, 'Chapter 17, Part II: Commentary on the ICC Rules, Appendix VI: Expedited procedure rules, Article 2 [Constitution of the arbitral tribunal]', in Manuel Arroyo (ed), Arbitration in Switzerland: The Practitioner' s Guide (Second Edition), 2nd edition (Kluwer Law International 2018)

Nigel Blackby, Constantine Partasides QC, Alan Redfern and Martin Hunter, International Arbitration (sixth edition, Oxford University Press 2015)

Rémy Gerbay , The Functions of Arbitral Institutions, International Arbitration Law Library, Volume 38 (Kluwer Law International 2016)

Journal Articles

Eric A. Schwartz, The Role of the Arbitral Institution in the New Millennium, Arbitration 1999, Vol. 65 No. 4

J. Kirby, Efficiency in International Arbitration: Whose Duty Is It? 32（6）International Arbitration 2015

Michael Pryles, Limits to Party Autonomy in Arbitral Procedure, Journal of International Arbitration, Kluwer Law International 2007, Volume 24 Issue 3

Michael W. Bühler and Pierre Heitzmann, The 2017 ICC Expedited Rules: From Softball to Hardball?, Journal of International Arbitration, Kluwer Law International 2017, Volume 34 Issue 2

Thomas H. Webster, Party Control in International Arbitration, Arbitration International, LCIA, 2003, Vol. 19, No. 2.

Web Pages

Expedited Arbitration at the SCC: One Year with the 2017 Rules, Anja Havedal Ipp, April 2, 2018. http://arbitrationblog.kluwerarbitration.com/2018/04/02/expedited-arbitration-scc-one-year-2017-rules-2/, accessed on March 25, 2020.

https://www.hkiac.org/about-us/council-members-and-committees/proceedings-committee, accessed on May 1, 2020.

Abu Dhabi, More efficiency, transparency and diversity in ICC Arbitration, March 4, 2019. https://iccwbo.org/media-wall/news-speeches/more-efficiency-transparency-and-diversity-in-icc-arbitration/, accessed on May 1, 2020.

SCC Model Clause - English. https://sccinstitute.com/our-services/model-clauses/english/, accessed on April 30, 2020.

SCC Statistics 2019. https://sccinstitute.com/statistics/, accessed on April 30, 2020.

Noble Resources International Pte Ltd. v Good Credit International Trade Co. Ltd.（2016）沪 01 协外认 1 号 . https://wenshu.court.gov.cn/website/wenshu/181107ANFZ0BXSK4/index.html?docId=3977ca869daa4df39c87a7e0016e1525, accessed on May 1, 2020.

The New ICC Expedited Procedure Rules: A New Experiment, http://www.

jonesday.com/the-new-icc-expedited-procedure-rules-a-new-experiment-12-13-2016/, accessed May 30, 2020.

ICC modifies rules to try to save time and costs in arbitrations, https://www.cms-lawnow.com/ealerts/2016/11/icc-modifies-rules, access on June 1, 2020.

单边选择性仲裁条款的有效性研究

陈　珊*

● 摘　要

单边选择性仲裁条款是指赋予特定一方当事人以选择权，使其可以在争议出现后，选择将纠纷提交仲裁或诉讼的管辖条款。近年来，单边选择性仲裁条款因其灵活性和安全性，被越来越多地运用于涉外商业实践。实践中，世界各国和地区对于单边选择性仲裁条款效力认定态度呈现较大差异，包括认定的依据及结果均存在较大分歧。此等分歧反映了国际商事仲裁实践中，当事人自治原则与程序公平原则两大原则的碰撞与制衡。本文拟通过对各国判例、裁判理念的梳理，结合对上述两大原则的分析，试证明单边选择性仲裁条款系商主体真实合意的产物，满足了现代商事交易实践的需要，应当肯定其有效性。

● 关键词

单边选择性仲裁条款　当事人自治　显失公平　相互性

Digest: Unilateral arbitration clause is an arbitration clause which gives only one party the option to choose arbitration or litigation to settle a dispute. Recently, unilateral arbitration clauses have been increasingly

---

* 陈珊，中国人民大学法学院 2019 级民商法硕士。

used in international commercial transactions due to their flexibility and reliability. However, courts from different states and regions tend to take different views towards the validity of such arbitration clauses. Based on different rationales, some uphold the validity of unilateral arbitration clause while some not. This shows the collision and interaction of two fundamental principles-principle of party autonomy and principle of procedural equality. This article intends to sort out cases involving determination of the validity of unilateral arbitration clauses and rationale behind. In combination of analysis the two fundamental principles, this article will try to illustrate unilateral arbitration clause comes from consensus of commercial entities. Unilateral arbitration clause is in line with modern commercial practice and will not violate principle of procedural equality. Therefore, the validity of unilateral arbitration clause shall be upheld.

Key Words: unilateral arbitration clause, party autonomy, gross disparity, mutuality

一、问题的提出

单边选择性仲裁条款（unilateral arbitration clause/one-sided arbitration clause），又称为不对称仲裁条款（asymmetric arbitration clause）。不同于传统“或诉或裁”的争端解决条款，单边选择性仲裁条款赋予商事合同中特定一方当事人（the beneficiary）以选择权，使其在争议出现后，可以选择将纠纷提交仲裁或诉讼。[①] 所谓“单边”或“不对称”，即指合同双方当事人在争端解决方式选择权上的不对等。

一般而言，仲裁具有保密、快捷、专业和低成本的优势，相比于诉讼是更灵活的争端解决方式。但在某些情况下，诉讼却有其优势。譬如，在债权债务关系明确的情况下，债权人向债务人所在地（或主要资产所在地）的法院提起

① 参见桑远棵：《单边选择争议解决条款的效力研究》，载《北京仲裁》2018 年第 4 辑，中国法制出版社 2019 年版。

诉讼可能是更优的选择。因为在此情况下，诉讼能够保障在较短的时间内，以尽可能低的费用成本促成债权实现。而相比之下，启动仲裁程序耗费的时间成本、费用反而较高。因而，单边选择性仲裁条款越来越多地出现在国际融资合同、雇佣合同、消费者合同及租赁合同中。① 对于有选择权的一方而言，单边选择性仲裁条款相较于传统"非诉即裁"的争端解决条款更能保障一定的灵活性和安全性，使其可以在争端发生后，根据具体争端的背景、性质，选择适宜的争端解决方式，② 并保障裁决或判决能够高效、成功地得到执行。③

因此实践中，处于强势地位的一方当事人也希望能够同时享受两种争端解决方式的优势，由此便催生了单边选择性仲裁条款。通过约定单边选择性仲裁条款，享有选择权的一方便能够在争议发生时，选择更为合适的争议解决方式。

尽管单边选择性仲裁条款在实践中得到了广泛运用，但由于此等条款呈现权利上的非对称性，赋予一方选择提交法院或仲裁机构的选择权，却限制另一方仅能提交法院或仲裁，且享有选择权的一方往往具有更强的议价能力和优势地位，④ 因而此类条款的合理性、合法性也受到了质疑。世界各国和地区对于单边选择性仲裁条款效力认定态度存在较大分歧，认定的依据及结果均有较大差异：如英国、新加坡、意大利、希腊、尼日利亚、中国香港等国家或地区承认单边选择性仲裁条款的效力和可执行性，而法国、波兰、印度、阿联酋、巴西等国则倾向于认定单边选择性仲裁条款无效。⑤

因此，本文拟采用比较和实证分析相结合的方法，通过对境外的司法实践和理论分析，对单边选择仲裁条款的有效性进行研究。

---

① *See* Duarte Gorjao Henriques, "Asymmetrical Arbitration Clauses under the Portuguese Law", *Young Arbitration Review*, 2013.

② *See* Brooke Marshall, Imbalanced Jurisdiction Clauses under the Lugano Convention, *ZEuP*, 2016.

③ *See* Deyan Draguiev, Unilateral Jurisdiction Clauses: The Case for Invalidity, Severability or Enforceability, *Journal of International Arbitration*, 2014.

④ *See* Salonee Patil, Unilateral Option Clauses: The Way Forward, *Christ University Law Journal*, 2018.

⑤ *See* Clifford Chance, Unilateral Option Clauses-2017 Survey, available at: https://www.cliffordchance.com/briefings/2017/01/unilateral_optionclauses-2017survey.html.

二、单边选择性仲裁条款效力认定实践分歧

（一）单边选择性仲裁条款效力认定之否定实践

实践中，一些国家的法院倾向于否定单边选择争议解决条款的法律效力，其主要理由是单边选择性仲裁条款缺乏相互性、违反公共政策、显失公平、违反平等原则、创设非对等性条件等。

1. 缺乏相互性（Lack of Mutuality）

相互性是指有效的合同必须是等价互利的，若合同仅对一方当事人设定义务，则该合同因缺乏相互性而无效。[①] 缺乏相互性一直是美国否认单边选择性仲裁条款效力的主要理由之一。在 Hull *v.* Norcom Inc[②] 案、Showmethemoney Check Cashers *v.* Wanda Williams and Sharon McGhee[③] 案及 E–Z Cash Advance, Inc. *v.* Harris[④] 案等案中，美国州法院均认定单边选择性仲裁条款因缺乏相互性而无效。

此外，印度也将缺乏相互性作为认定单边性仲裁协议无效的依据。在 Bhartia Cutler Hammer Ltd. *v.* Avn Tubes Ltd. 案 [⑤] 中，双方当事人在销售合同第 18 条中对争端解决方式作出如下约定：

> “18. 仲裁——在不影响本合同第 17 条规定的情况下，若本公司，即 Avn Tubes Ltd. 向缔约公司发出后的三个月内，无法通过友好协商方式解决争议，则本公司保留提交仲裁的权利。仲裁员将由本公司指定，仲裁结果为终局性并对双方具有拘束力。”

其后，原告 Bhartia Cutler Hammer Ltd. 以被告未按合同约定支付设备价款、税款为由，向新德里高等法院提起诉讼。被告 Avn Tubes Ltd. 则援引该

---

① *See* Duarte Gorjao Henriques, Asymmetrical Arbitration Clauses under the Portuguese Law, Young Arbitration Review, 2013.

② *See* Hull *v.* Norcom Inc., 750 F.2d 1547（1985）.

③ *See* Showmethemoney Check Cashers *v.* Wanda Williams and Sharon McGhee, 342 Ark. 112, 27 S.W.3d 361（2000）.

④ *See* E–Z Cash Advance, Inc. *v.* Harris, 60 S.W.3d 436（2001）.

⑤ *See* Bhartia Cutler Hammer Ltd. *v.* Avn Tubes Ltd., 1995（33）DRJ 672.

争端解决条款，对法院管辖权提出异议。而原告则主张该争端解决条款应认定为无效条款；即便该仲裁条款有效，也因其仅赋予被告将争议提交仲裁的权力，而不具有可执行性。

新德里高等法院援引了加尔各答高等法院在 Union of India *v.* Ratilal R. Taunk 案[①] 所作判决，认为有效并具有约束力的仲裁协议应当为双边的，而非单边的。根据 1940 年《仲裁法》第 2 条（a）款规定，有效的仲裁协议应有利于各方将争议诉诸仲裁，且不应对该仲裁选择权的行使附加条件。当仲裁协议仅赋予一方当事人决定是否将现有或未来的争议提交仲裁的选择权时，不构成一项有效的仲裁协议。最终，新德里高等法院认为原、被告订立的争端解决条款缺乏具有相互性、存在条件性条款，否定了其效力。

2. 违反公共政策（Public Policy）

在印度 Emmsons International Ltd. *v.* Metal Distributors 案中[②]，德里高等法院基于不同的论证，得出与 Bhartia Cutler Hammer Ltd. *v.* Avn Tubes Ltd. 案相同的结论。在 Emmsons International Ltd. *v.* Metal Distributors 案中，双方当事人在买卖合同中对争端解决方式作出如下约定：

> "争端解决的准据法和管辖法院—本合同适用英国法律并按照英国法律进行解释。卖方（Metal Distributors）有权决定根据伦敦金属交易规则将本合同项下产生的任何争议提交仲裁，或在任何有管辖权的法院对买方（Emmsons International Ltd.）提起诉讼。"

原告认为该单边选择性仲裁条款因违反《印度合同法》第 17 条第 28 款而不具有可操作性，并且违反了公共政策。德里高等法院接受了这一观点，最终认定该条款无效。

3. 显失公平理论（Doctrine of Unconscionability）

《美国联邦仲裁法》（FAA）规定：仲裁协议都是"有效的、不可撤销的和有强制性的，但是具有法律或者衡平法所规定撤销契约的理由者除外"。[③]而《美

---

① *See* Union of India *v.* Ratilal E. Taunk，2nd（1966）ILR 2 Cal 527.

② *See* Emmsons International Ltd. *v.* Metal Distributors，2005（80）DRJ 256.

③ 参见《美国联邦仲裁法》第 2 条。

国法典》第2节规定："本保留条款允许通过'普遍适用的合同抗辩事由'，如欺诈、胁迫或显失公平推翻仲裁协议的效力。"[①] 基于此，显失公平理论在美国是推翻单边选择性仲裁条款效力的理由之一。

显失公平（Unconscionability）是指合同的不合理性达到一定程度，以至于法院须对合同进行变更或予以撤销。该理论适用于合同条款极不公平、单方偏向具有更强议价能力一方的情形。[②] 因此，若一方当事人利用自身经济实力，在对方当事人对单边选择性仲裁条款带来的不平等优势不知情的情况下，促使其接受了此等仲裁条款，则可能构成显失公平。[③]

在加利福尼亚上诉法院 Armendariz *v.* Foundation Health Psychcare Services 案[④] 中，雇员与雇主签订雇佣合同，其中仲裁条款约定"与不公平解除雇佣关系有关的任何争议，雇员仅能提交仲裁；雇主除可提交仲裁外，还可选择向法院提起诉讼"。由于仲裁条款是雇佣合同的一部分，雇员对此并无实际磋商的机会。法院对适用显失公平理论推翻仲裁条款效力提出了程序和实质两方面的要求，即雇佣方利用了强势议价能力（exploitation of bargaining power）且条款造成了不利影响（one-sided unreasonable effect）。加利福尼亚上诉法院认为本案同时满足上述两个条件，故最终认定该单边选择性仲裁条款因"显失公平"而不具有可执行性。

另一里程碑案例是 Arnold *v.* United Companies Lending Corp. 案[⑤]。该案中，西弗吉尼亚最高上诉法院将贷款合同中的单边选择性仲裁条款认定为不公平条款，不具有可执行性。法院将单边选择性仲裁协议比作兔子和狐狸间的协议，并指出："合同的一方是全国性贷款企业，另一方是老年人和缺乏经验的消费者。双方地位严重失衡。"

---

① *See* AT&T Mobility，LLC *v.* Concepcion，131 S. Ct. 1740，1746（2011）.

② *See* Williams *v.* Walker-Thomas Furniture Co.，350 F.2d 445，449（1965）; See also Duarte Gorjao Henriques，Asymmetrical Arbitration Clauses under the Portuguese Law，*Young Arbitration Review*，2013.

③ *See* Hans Smith，the Unilateral Arbitration Clause：A Comparative Analysis，*American Review of International Arbitration*，2009.

④ *See* Armendariz *v.* Foundation Health Psychcare Services Inc.，24 C4th 83，99 CR2d 745（2000）.

⑤ *See* Arnold *v.* United Companies Lending Corp.，511 S.E.2d 854（1998）.

4. 违反程序平等原则（Procedural Equality）

俄罗斯的 Russian Telephone Company 案[①]，双方当事人在供货合同中约定“由本合同引发的任何争议，应通过双方友好协商解决。协商解决不成的，则根据《国际商会调解和仲裁规则》进行仲裁，但该仲裁条款不得限制索尼爱立信公司向有管辖权法院提起诉讼的权利”。由此赋予索尼爱立信公司提交诉讼的单边选择权。

一审法院及上诉法院认为争端解决条款系双方自由选择的结果，体现了双方当事人的真实意思，从而认可争端解决条款的可执行性。但俄罗斯联邦仲裁法院则认为该单边选择性仲裁条款仅赋予索尼爱立信公司一方提交诉讼或仲裁的单边选择权，这使得俄罗斯电话公司具备劣势地位，违反了当事人间的权利平等原则。此外，俄罗斯联邦仲裁法院还认为单边选择性仲裁条款限制了俄罗斯电话公司向法院提起诉讼的权利，违反了《欧洲人权公约》第6条中的公平审判权的规定。基于此，俄罗斯联邦仲裁法院最终认定单边选择性仲裁条款无效，推翻了一审法院和上诉法院的判决。

5. 创设非对等性条件（Potestative Condition）

法国的 Rothchilds 案[②]，法国最高法院认为单边选择性仲裁条款因创设了违反法国法的“非对等性条件”（potestative condition），应认定为无效。根据《法国民法典》第1170条[③]，“非对等性条件”是指合同的履行完全取决于某一条件的成就，而该条件成就与否完全取决于一方当事人。法国最高法院认为，单边选择性仲裁条款创设了非对等性条件，违反了法国法的规定，因此无效。

在保加利亚最高法院审理的一起贷款合同纠纷案件[④]中，双方当事人亦在争端解决条款中约定了单边选择性仲裁条款。根据该条款，当合同双方产生纠纷时，债权人有权将争议提交至保加利亚共和国境内的任何一家仲裁机构，

---

① *See* CJSC Russian Telephone Co. *v.* Sony Ericsson Mobile Telecommunications Russia LLC., Case No. 1831/12（2012）.

② *See* Mme X *v.* Bank Privée Edmond de Rothshild, Case No. 11-26.022（2012）.

③ *See* Article 1170 of the French Civil Code：“A potestative condition is one which makes the execution of the agreement depend upon an event that one or the other of the contracting parties has the power to bring about or to prevent”.

④ *See* Bulgarian Supreme Court of Cassation（Commercial Chamber）, 2 October 2011 Case, No. 1193/2010.

而债务人仅能向有管辖权的州法院，即索菲亚地区法院提起诉讼。

保加利亚最高上诉法院的观点与法国最高法院在 Rothchilds 案中提出的主张十分相似，均认为此等单边选择性仲裁条款通过合同方式，创设了保加利亚法律释禁止的“非对等性权利”（potestative right），即使得合同一方当事人能够单边性地影响另一方当事人的法律地位。因为“非对等性权利”对另一方当事人权利义务影响较大，并可能造成负面后果，故根据保加利亚法律，“非对等性权利”仅能由法律创设，而不能通过合同私自约定。基于此，保加利亚最高上诉法院最终认定该等争端解决条款无效。

（二）单边选择性仲裁条款效力认定之肯定实践

支持单边选择性仲裁条款效力的国家或地区大多从合同整体出发，从整体层面认可单边选择性仲裁条款的相互性和选择性、尊重当事方做出特殊选择与安排背后的商业意图，对当事方契约自由给予充分尊重。

1. 承认条款具有相互性和选择性（Mutuality and Optionality）

新加坡 Dyna-Jet Pte Ltd. *v.* Wilson Taylor Asia Pacific Pte Ltd. 案[①]中，新加坡高等法院确认了仅赋予一方权利选择是否将争议提交仲裁的条款系有效条款。

Dyna-Jet Pte Ltd. 与 Wilson Taylor Asia Pacific Pte Ltd. 均为新加坡成立的公司，在东南亚地区都有业务。双方订立协议，约定由 Dyna-Jet 在印度洋的迭戈加西亚岛安装水下电极，并对争端解决方式作出约定，有且仅有 Dyna-Jet 有权选择将任何争议提交在新加坡仲裁：

> “因履行本协议而发生的任何索赔或争议，双方应通过友好协商解决。协商不成的，则 Dyna-Jet 可选择将争议提交仲裁程序，依据英国法在新加坡进行仲裁，或自行解决。”

就单边选择仲裁条款的效力问题，新加坡高等法院认为，并非只有约定双方拥有共同、相互的选择将争议提交仲裁的权利的仲裁协议，才是有效的仲裁协议。仲裁协议的基本构成要件是双方当事人达成合意（mutual consent），均愿意受仲裁的约束。基于此，法院认为赋予一方权利决定是否将某一未来争议提交仲裁的争议解决协议同样构成有效的仲裁协议。因为 Dyna-Jet 一旦

---

① *See* Dyna-Jet Pte Ltd. *v.* Wilson Taylor Asia Pacific Pte Ltd.,［2017］SGHC 23.

选择仲裁，Wilson Taylor 也必然要受到仲裁约束，双方对于未来将争议提交仲裁的安排是自愿且明确的。此外，法院在判决书中还用了相当的篇幅解释争议解决条款背后的意图以及 Dyna-Jet 没有将争议提交仲裁的后果，充分体现了法院对于当事方做出此等安排背后商业意图的尊重。

2. 尊重商业安排（Needs of Businesses）

英国对于单边选择性仲裁条款的支持态度是较为明确的，在 NB Three Shipping *v.* Harebell Shipping 案[①]，Law Debenture Trust Corp plc *v.* Elektrim Finance BV 案中[②]，英国法院均支持了单边选择性仲裁条款的效力。

NB Three Shipping *v.* Harebell Shipping[③] 案的租船合同规定，船舶承租人仅能在英格兰法院提起诉讼，船舶所有人不仅可在根据任何公约对本案具有管辖权的法院提起诉讼，还可将争议提交仲裁。合同争端解决条款规定："因履行本租船合同所引发的争议，若双方无法通过协商解决，且船舶所有人决定将争议提交仲裁的，应提交仲裁。"随后，双方当事人产生纠纷，船舶承租人遂向英格兰法院提起诉讼。船舶所有人立即致函租船合同，对船舶承租人在提交法院诉讼前未征询其是否希望进行仲裁表示惊讶，并坚持其仍可行使仲裁选择权。但其后，船舶所有人又致函承租人，表示愿意继续进行诉讼程序。

法院分析了该争端解决条款的整体商业意义（commercial sense as a whole），认为这一单边选择性仲裁条款的制定目的是"赋予船舶所有人选择权"。因此，船舶承租人不得以先发制人提起诉讼的方式，阻碍船舶所有人将争议提交仲裁。法院还指出："尽管理想状态是船舶所有人，即有选择权的一方事先阐明对争端解决方式的选择，但即便其未做到这一点……也并不会导致该条款丧失可执行性。"在 Law Debenture Trust Corp plc *v.* Elektrim Finance BV 案中，法院指出："……尽管单边选择性仲裁条款给予了一方当事人额外的利益，但这与合同其他各有偏向的条款并无本旨差异，并不能因其单方性就区别对待。"[④] 而在其后的 Mauritius Commercial Bank Ltd. *v.* Hestia Holdings

① *See* NB Three Shipping *v.* Harebell Shipping（2005）1 Lloyd's Rep. 509.

② *See* Law Debenture Trust Corp plc *v.* Elektrim Finance BV（2005）EWHC 1412.

③ *See* NB Three Shipping *v.* Harebell Shipping（2005）1 Lloyd's Rep. 509.

④ *See* Deyan Draguiev, Unilateral Jurisdiction Clauses: The Case for Invalidity, Severability or Enforceability, *Journal of International Arbitration*, 2014.

Ltd. and another[①]案中，英国高等法院更是明确指出，单边选择性仲裁条款的订入是为了满足商业需要，应根据当事方意思自治决定。

3. 契约自由优先（Freedom of Contract Prevails）

在卢森堡一起贷款合同纠纷案件中[②]，双方当事人约定将未来争议提交卢森堡法院，但又额外赋予债权人一方“向其他任何有管辖权法院”提起诉讼的权利。卢森堡地区法院分析了法国著名的Rothchilds案[③]，并注意到了Rothchilds案背后广泛的争议与批判。[④]譬如英国Mauritius Commercial Bank Ltd. *v.* Hestia Holdings Ltd. and another案就将其称为“极富争议性的案件”[⑤]。卢森堡地区法院认为,《布鲁塞尔条例I》并未明文禁止此类不对称管辖条款的存在；缔约双方的议价能力相当，因此应当对契约自由给予充分尊重。最终，卢森堡地区法院认可了单边仲裁协议的效力。

三、实践分歧背后蕴含的理念冲突

通过上述对各国家、地区对单边选择性仲裁条款实践态度及认定理由的梳理与分析，笔者发现肯定实践与否定实践的分歧，实际上代表着两种看待合同对等性的方式：否定实践国家多着眼于单边选择性仲裁条款本身呈现的双方权利的不对等性，从程序正义角度否定单边选择性仲裁条款效力；而采取肯定实践的国家、地区则更关注此类安排背后的内在商业理性，将单边选择性仲裁条款视为整体合同的一部分。尽管个别条款并未赋予双方当事人完全对等的地位，但合同整体反映双方当事人间利益交换的结果。

此外，肯定实践与否定实践的分歧一定程度上还反映了国际商事仲裁中，当事人自治原则与程序公平原则两大原则的冲突与相互制约。正如雷德芬、亨特在《国际商事仲裁法律与实践》一书所指出，“如果当事人自治是仲裁程

---

① *See* Mauritius Commercial Bank Ltd. *v.* Hestia Holdings Ltd. and another, 2 Lloyd' s Rep. 121 (2013).

② *See* District Court–Tribunal d'Arrondissement de et à Luxembourg, No 127/14 and No 128/14, 29 January 2014.

③ *See* Mme X *v.* Bank Privée Edmond de Rothshild, Case No. 11–26.022 (2012).

④ *See* Sarah Garvey, The End of the Road for "One–Way" Jurisdiction and Arbitration Clauses, available at: https://www.allenovery.com/en-gb/global/news-and-insights/publications/the-end-of-the-road-for-one-way-jurisdiction-and-arbitration-clauses.

⑤ *See* Mauritius Commercial Bank Limited *v.* Hestia Holdings Limited & Another, (2013) EWHC 1328.

序中使用的第一个原则，那么平等对待就是第二个……平等对待原则起着限制当事人意思自治的作用”。[①] 贸法会在制定示范法的报告中，也承认了“……当事人自由确定需遵守的程序上的利益以及和赋予其效力的法律制度的利益之间达成平衡是起草示范法时最为复杂的问题之一”。[②]

（一）当事人意思自治原则（Party Autonomy）

当事人意思自治是国际商事仲裁中需遵守程序的指导原则。[③] 该原则不仅得到国内法支持，还得到国际仲裁机构和组织的认可。当事人意思自治原则起源于合同自由原则，当事人可以根据实际需要，对权利、义务做出自主安排而不受过多干涉。在国际商事仲裁中，当事人意思自治具有更宽的内涵：当事人可以自由选择将争议提交仲裁，并且可以根据其实际需要，对仲裁协议中的规则做出调整。[④]

（二）对当事人意思自治原则的限制（Restriction on Party Autonomy）

尽管国际商事仲裁尊重当事人的意思自治，但这并不意味着当事人的自主决定权缺乏边界。实际上，当事人意思自治原则可能受到平等对待原则和公共政策的限制。

首先，当事人意思自治原则可能受到平等对待原则（Equal Treatment）制约。平等对待原则有着与当事人意思自治同等重要的地位，并对当事人意思自治起到限制作用。[⑤] 纽约公约和示范法中明确确立平等对待原则，如示范法第18条规定：“应对当事各方平等对待，应基于每一方当事人充分的机会陈述他们的案情。”因而，基于平等对待原则，仲裁庭不得将拒绝给予一方当事人

---

① 参见［英］艾伦·雷德芬、马丁·亨特等：《国际商事仲裁法律与实践（第四版）》，林一飞、宋连斌译，北京大学出版社2005年版，第284–287页。

② *See* United Nations Commission on International Trade Law（UNCITRAL），Report of the Secretary-General：Possible Features of a Model Law on International Commercial Arbitration，UN Doc.A/CN.9/207，para.21.

③ 参见［英］艾伦·雷德芬、马丁·亨特等：《国际商事仲裁法律与实践（第四版）》，林一飞、宋连斌译，北京大学出版社2005年版，第284页。

④ *See* United Nations Commission on International Trade Law（UNCITRAL），Report of the Secretary-General：Possible Features of a Model Law on International Commercial Arbitration，UN Doc.A/CN.9/207.

⑤ 参见［英］艾伦·雷德芬、马丁·亨特等：《国际商事仲裁法律与实践（第四版）》，林一飞、宋连斌译，北京大学出版社2005年版，第287页。

的特权给予另一方当事人。例如，即便双方当事人协议约定仅一方当事人可以得到仲裁的庭审，这种条款也可能被认定为无效的。[①]

否定实践国家认为，单边选择性仲裁条款中仅赋予一方当事人争端解决方式选择权，使受益方获得不平等的优势地位。此等安排未给予双方当事人平等对待，已然超出当事人自治的边界，故应认定为无效。[②]

其次，当事人意思自治原则可能受到公共政策（Public Policy）制约。

公共政策是指一国的基本道德观念和社会政策、法律的基本原则。[③]在许多国家，公共政策原则也可构成当事人意思自治的限制，[④]代表当事人对仲裁程序决定自由的边界。当事人间对仲裁庭的行为的授权不得违反仲裁进行地国公共政策，否则该协议在该国不具有可执行性。[⑤]

一些国家寻求将公共政策作为单边选择性仲裁条款效力的理由，认为此等条款赋予经济实力较强一方当事人不公平优势，进而违反了“平等对待双方当事人，不给予任何一方不平等优势”的公共政策。[⑥]但这不仅需要对一国公共政策的查明与阐释，还要求单边选择性仲裁条款对该国公共政策产生实质性危害后果。[⑦]此外，公共政策的适用有严格的适用条件和诸多限制，实质上适用的机会越来越少。[⑧]

---

① 参见［英］艾伦·雷德芬、马丁·亨特等:《国际商事仲裁法律与实践（第四版）》，林一飞、宋连斌译，北京大学出版社2005年版，第287页。

② *See* CJSC Russian Telephone Co. *v.* Sony Ericsson Mobile Telecommunications Russia LLC., Case No. 1831/12（June 19, 2012）.

③ 参见肖永平:《国际私法原理》（第二版），法律出版社2007年版，第131页。

④ *See* UNIDROIT, Principles of International Commercial Contracts 2016, p.11; See also Gary Born, International Commercial Arbitration（2nd Edition）, 2014, pp.2693-2694.

⑤ 参见［英］艾伦·雷德芬、马丁·亨特等:《国际商事仲裁法律与实践（第四版）》，林一飞、宋连斌译，北京大学出版社2005年版，第287页。

⑥ *See* Hans Smith, the Unilateral Arbitration Clause: A Comparative Analysis, *American Review of International Arbitration*, 2009.

⑦ 参见肖永平:《国际私法原理》（第二版），法律出版社2007年版，第131页。

⑧ 参见肖永平:《法理学视野下的冲突法》，高等教育出版社2008年版，第224页。

四、应当肯定单边选择性仲裁条款效力的主要理由

（一）从整体合同角度，单边选择性仲裁条款满足相互性

否定实践对单边选择性仲裁条款缺乏相互性的认定过程通常包含两个步骤：其一，将仲裁条款的效力认定与合同其他部分独立开；其二，基于第一步判断，得出当事人间义务缺乏相对性的结论。但上述两个步骤均遭到批评。[①]

首先，将仲裁条款独立于合同其他条款属于对分离性理论的错误解读。

根据分离性理论，仲裁条款独立于合同其他条款，但这仅意味着某些条款无效并不必然导致仲裁条款随之无效。分离性理论制定的目的是防范通过攻击合同部分条款的效力，致使仲裁条款效力落空的情形。因此，分离性理论的根本宗旨系在维护，而非推翻仲裁条款的效力。故将仲裁条款割裂于合同其他条款，对其他条款提供的对价视而不见，否定仲裁条款效力是对分离性理论的错误理解。

其次，仅凭仲裁条款难以对相互性和对价关系进行准确判断。

单边选择性仲裁条款设定的目的仅在赋予合同一方当事人将争议提交仲裁或诉讼的选择权，而非获取双方当事人的允诺。而该单边选择权究竟是否有充分对价，应当结合合同其他条款进行整体判断，而无法单独通过选择条款予以判断。因而，以义务相对性理论否定单边选择性仲裁条款效力并不恰当。

（二）公共政策例外难以构成否定单边选择性仲裁条款的理由

公共政策概念本身具有一定的模糊性、宽泛性。实践中，不同国家和地区对公共政策的理解及认定依据均存在较大差异。诸如“道德”“诚信”“公平”和“显失公平”等抽象概念均可能被认定为构成公共政策的理由，这导致将公共政策作为否定单边选择性仲裁条款依据显得过于宽泛和模糊。而在缺乏明确法律依据的情况下，以含糊的公共政策概念否定当事人仲裁条款的效力，可能导致当事人的权利义务安排丧失可预期性，进而威胁交易安全。如 Inman *v.* Clyde Hall Drilling Co. 案[②]中，法院曾指出“在宪法或制定法未明确宣告某些

---

① *See* Hans Smith, the Unilateral Arbitration Clause: A Comparative Analysis, *American Review of International Arbitration*, 2009.

② *See* Inman *v.* Clyde Hall Drilling Co., 369 P.2d 498, 500 (1962).

条款为非法或不可执行的情况下，法律不应过多插手当事人的事务。作为司法政策，法律应尽力维持和促成合同的执行，而非协助当事人逃避其理应承担的义务”。

基于此，许多国家和地区的法院对于将公共政策作为否认仲裁条款的依据，往往持谨慎态度，仅将公共政策作为应对特殊情形的兜底手段。① 如美国最高法院曾强调，公共政策的认定不能基于“假定的公共利益的一般考虑”，必须有明文规定的“实定法和先例”。即公共政策的认定必须是“根本性”和“实质性”的。② 英国普通法也认为，执行裁决具有不合理性并不意味着构成公共政策例外。而必须证明执行裁决导致的不合法因素须到“明显损害公共利益”，或执行裁决对于理性、充分知情的社会公众是全然有害的。③ 此外，印度德里高院近期判决 ④ 也体现了其态度上的转变，不愿意将公共政策作为推翻单方面选择条款有效性的依据。

因而，对于公共政策例外应进行狭义理解。⑤ 除非单边选择性仲裁条款严重违反了一国法律的基本政策、利益、正义或道德时，公共政策例外才有其适用空间。

（三）商事背景下显失公平理论适用存在困境

首先，显失公平理论须满足严格的适用条件。援引显失公平理论否定仲裁条款有效性应同时满足以下两个要件：第一，非受益方系因胁迫或缺乏对条款真实目的或效果的认识而缔结条款；第二，受益方因条款获得的利益是不合理的。⑥

其次，商事背景下如何界定“显失公平”。以显失公平理论否定单边选择性仲裁条款效力的先例多集中在雇佣合同、消费者合同领域。合同双方当事

---

① *See* Gary Born, International Commercial Arbitration（2nd Edition）, 2014, pp.2693–2694.

② *See* W.R. Grace & Co. *v.* Local Union 749, 461 U.S. 757, 766（1983）. See Tjart *v.* Smith Barney, Inc., 28 P.3d 823（2001）; The Prudential Ins. Co. of Am. *v.* Nelson, 11 F.Supp.2d 572（1998）; Fina, Inc. *v.* ARCO, BP Oil Co., 16 F.Supp.2d 716（1998）; Miller *v.* Aetna Life & Cas. Co., 906 P.2d 372（1995）.

③ *See* Deutsche Schachtbau-und Tiefbohrgesellschaft mbH *v.* Ras Al Khaimah Nat'l Oil Co. [1987] 2 All ER 769, 779（English Ct. App.）.

④ *See* Cruz City 1 Mauritius Holdings *v.* Unitech Limited, MANU/DE/0965/2017.

⑤ *See* Renusagar Power Co. Ltd. *v.* General Electric Co., AIR 1994 SC 860.

⑥ *See* e.g., Gillman *v.* Chase Manhattan Bank, 534 N.E.2d 824, 828（1988）.

人在缔约地位、能力、信息上存在较大差距，出于倾斜保护弱势群体的考量，法院基于显失公平理论否定格式条款中单边选择性仲裁条款的效力。但商事背景下，双方当事人均为平等商主体，并不存在需要特殊关照的弱势群体。且基于对当事人自治权的尊重，应当推定商主体的决策具备相应的商业理性。因而实践中，法院对于在商事背景下适用显失公平理论否定单边选择性仲裁条款的效力也呈现谨慎态度。[①]

（四）形式不对称不等同实质不公

首先，单边选择仲裁条款赋予一方当事人民事程序选择权，但该选择权的行使并不影响最终实体结果的认定。程序选择权的影响范围仅在于实体争议审理前的程序选择，一旦受益方做出选择，不论其最终提交的是诉讼还是仲裁，双方都会适用同一程序、受到同等标准的约束和保护。

其次，即便单边选择仲裁条款呈现形式上的不对称性，也是符合国际商事交易实践的。实践中也并不存在完全"对称"的合同条款。若法律要求所有条款完全对称，那么双方当事人仅能以完全相同的对价进行交易，势必会对交易的发生造成严重阻碍。[②]

最后，该等形式不对称系源于双方当事人真实合意。诚然，在商事合同的个别条款可能呈现对特定一方的偏向，但局部的不对等不意味着合同整体的不公。若结合其他条款或追溯双方整体利益交换过程，就能理解当事人此等决定背后的商业衡量。

（五）应尊重单边选择性仲裁条款背后的意思自治与商业理性

双方当事人就选择权的授予达成合意，体现了当事人在争端解决方式选择上的意思自治。只要此等安排不是在当事人受胁迫或欺诈的情况下做出的，都能体现双方将争议提交仲裁的真实意图。

尽管单边选择性仲裁条款中，仲裁的启动取决于特定一方当事人的选择权，但此等安排是当事人为达成协议自愿做出的让步，当事人对于此等安排对个人利益可能产生的后果与影响应当有所考量。因而在商事背景下，尤其是在双方

---

① *See* Hans Smith, the Unilateral Arbitration Clause: A Comparative Analysis, *American Review of International Arbitration*, 2009.

② *See* Nigel Blackaby, Constantine Partasides, Alan Redfern, Martin HunterRedfern, Redfern and Hunter on International Arbitration (6th Edition), 2016, Oxford University Press, § 1.84.

当事人均为商事主体时，应当以更为宽松的态度对单边选择性仲裁条款做出考量。

五、结论

综上所述，尽管单边选择性仲裁条款的“单边性”“不对称性”使得其有效性受到质疑。但形式上的不对称性并不意味着实质违反公平原则。而应当结合整体合同，认定双方是否就合同互付合理对价。并且，出于意思自治及商业理性的尊重，若双方当事人在缔约过程中未出现欺诈、胁迫、乘人之危的情形，即便双方议价能力存在差异，也应当承认单边选择性仲裁条款的效力。

仲裁裁决主文不明的救济方式选择

刘　朗*

● **摘　要**

近年来，以仲裁裁决书作为执行依据的执行案件中，有不少因裁决主文不明而导致执行不能，使作为纠纷解决方式之一的仲裁难以发挥其应有的便捷高效作用，反而给司法带来更多棘手问题。这与法律规范的欠缺、仲裁的自愿、保密性等因素都有着密切联系。因此，对仲裁裁决主文不明的救济规定就尤为重要。但我国与仲裁及民事诉讼有关的法律法规、司法解释及规范性条文均鲜有规定，理论界观点不一，实践做法主要集中在解释说明、补正救济、驳回执行申请的方式上，也存在需改进之处。本文将从仲裁裁决主文不明的原因入手，评析实务做法，借鉴国外立法例，剖析不同救济方式的优劣，最终给出仲裁裁决主文不明的主要救济方式——仲裁机构作“补充裁决”。

● **关键词**

仲裁裁决主文不明　救济方式　补充裁决　补正说明

Abstract: In recent years, some cases that executions are based on arbitration awards cannot be carried out because the main text of the

---

* 刘朗，中国政法大学民商经济法学院2018级硕士研究生。

award is unclear, which makes it difficult for arbitration, as one of the means of dispute settlement, to play its due convenient and efficient role, instead brings thorny problems to the judiciary. This is closely related to the lack of legal norms, the voluntary nature and confidentiality of arbitration. Therefore, it is important to provide relief to the arbitration award with unclear text. However, there are few provisions in laws, regulations, judicial interpretations and other normative provisions related to arbitration and civil procedure in China. The theoretical circles have different views, while the judicial practices mainly focus on the ways of interpretation, remedy and denial of application for execution. This paper starts with the reasons of the arbitration award with unclear text, analyzes judicial practices, learns from foreign legislation, and finally gives the main relief method— "supplementary award" made by the arbitration institution.

Key Words: arbitration with unclear text, relief, supplementary arbitration, correction instruction

仲裁裁决作为法定的强制执行依据之一，应符合《最高人民法院关于适用〈中华人民共和国民事诉讼法〉的解释》(以下简称《民诉法解释》) 第 463 条及《人民法院办理执行案件规范》(以下简称《办理执行案件规范》) 第 33 条第 4 项的规定，即裁决书中的权利义务主体与给付内容应当明确。而实践中由于各方原因导致裁决主文内容不明的情况时有发生，给执行程序带来困扰。其中固然与审理的疏忽及仲裁自身具有的自愿性、保密性等有关，但并非所有仲裁裁决主文不明均由此造成，且只能通过强调裁决主文的明确性来解决。例如，可能是由于概括继受使权利义务主体发生变化，致使执行时主文内容变得模糊。可见，仲裁裁决主文不明的情况是多样的，产生的问题是复杂的，因此，对其的救济需谨慎且透彻。

《中华人民共和国仲裁法》(以下简称《仲裁法》)、《中华人民共和国民事诉讼法》(以下简称《民事诉讼法》)、《民诉法解释》均未对仲裁裁决主文不明的救济方式予以规定。明确规定了仲裁裁决主文不明的"具体情形"与"处理措施"的条文为《最高人民法院关于人民法院办理仲裁裁决执行案件若干问题的规定》（以下简称《仲裁裁决执行规定》）第3条[1]，即根据主文不明部分与其他部分是否可分而裁定部分或者全部驳回执行申请。另外，规定“裁定驳回执行申请”条文还有《最高人民法院关于执行案件立案、结案若干问题的意见》（以下简称《最高院关于执行案件立案、结案的意见》）第20条规定：“执行实施案件立案后，经审查发现不符合《最高人民法院关于人民法院执行工作若干问题的规定（试行）》第18条规定的受理条件，裁定驳回申请的，以‘驳回申请’方式结案。”其他规范性条文基本是对执行依据明确性的要求，如《民诉法解释》第463条的执行依据明确性原则，《最高人民法院关于人民法院执行工作若干问题的规定（试行）》（以下简称《执行工作若干问题规定（试行）》）第16条第1款第3项：“申请执行的法律文书有给付内容，且执行标的和被执行人明确。”

司法实践中，各地法院处理方式不一，有如最高院的驳回执行申请的处理，也有如上海一中院及江苏高院主张的补正说明、力促和解，最后裁定驳回执行申请的做法。实务处理方式的不同给主文不明的仲裁裁决的救济带来诸多困境。理论研究上，学者们偏重对“执行依据解释”“补正说明”“驳回执行申请”进行探讨。如由审理案件的仲裁机构作书面补充说明，由执行法院裁定驳回执行申请。但这些理论研究并未对执行依据明确性规范的作用进行深入研究，遗漏了“补充裁决”的必要性。无法起到真正的救济作用。因此，笔者建议，应增加对权利人利益的保护、适当调整法院本位的立场，有效救济主文不明的仲裁裁决。

一、仲裁裁决主文不明的救济现状

（一）现行制度缺位

《仲裁裁决执行规定》第3条对裁决主文不明情形进行了细化，并根据

---

① 《仲裁裁决执行规定》第3条：“仲裁裁决或者仲裁调解书执行内容具有下列情形之一导致无法执行的，人民法院可以裁定驳回执行申请；导致部分无法执行的，可以裁定驳回该部分的执行申请；导致部分无法执行且该部分与其他部分不可分的，可以裁定驳回执行申请。（一）权利义务主体不明确；（二）金钱给付具体数额不明确或者计算方法不明确导致无法计算出具体数额；（三）交付的特定物不明确或者无法确定；（四）行为履行的标准、对象、范围不明确。仲裁裁决或者仲裁调解书仅确定继续履行合同，但对继续履行的权利义务，以及履行的方式、期限等具体内容不明确，导致无法执行的，依照前款规定处理。”

其影响范围部分或全部驳回执行申请。此条主要为提高执行效率，在债权人权利保护方面有所欠缺。最高院认为，在执行内容不明的情形下，通常执行实际尚未开始，当事人的债权还未执行，因此，采用驳回执行申请的方案更符合该类案件实际。[①] 尽管对于尚未开始执行的债权，驳回执行申请能够减少无效执行、反复执行等不良问题的发生，但争议尚未明晰，权利人的合法权益尚未实现，当事人仍需就同一纠纷重新寻求救济途径，不得不说是对时间和资源的双重浪费。若当事人另行诉讼，则会进入民事诉讼程序，对司法资源进行使用，此时，仲裁所具有的简便快捷、分流诉讼负担的功能就荡然无存。

《仲裁裁决执行规定》第 4 条、《仲裁法》第 56 条、《中国国际经济贸易仲裁委员会仲裁规则》(以下简称《贸仲规则》)第 53–54 条、《北京仲裁委员会仲裁规则》(以下简称《北仲规则》)第 53 条对仲裁裁决书中的“文字、计算类错误”或“漏写事项”均规定由原仲裁庭补正或说明。对于“漏裁事项”，《仲裁法》《贸仲规则》和《北仲规则》规定由原仲裁庭作补充裁决。补正或补充裁决作为原仲裁裁决书的组成部分。另外，上海仲裁委员会及武汉仲裁委员会等各地仲裁委员会的仲裁规则均同上述规定无异。可见，我国现行规范对“仲裁裁决主文不明”的救济规定是处于缺位状态的。

各地法院的规范性文件对此也规定甚少，笔者仅查到江苏高院发布的《关于执行内容不明确时如何执行有关问题的通知》(以下简称江苏高院《通知》)[②]，主要规定概括如下：首先，当事人协商一致的方式优先；其次，以函询的形式征求作出生效文书的承办人意见，让其补正或说明；最后，可与当事人沟通，力争促成和解。若仍无法执行且符合本通知第 3 条情形之一的，可裁定驳回执行申请。对于仲裁裁决的执行，法律、司法解释有明确规定的依规定，无规定的参照本通知处理。

江苏高院《通知》第 5 条第 1 款规定：“裁定驳回执行申请前，承办法官应向当事人释明执行内容不明确无法执行，其可以通过另行诉讼或其他途径

---

① 参见刘贵祥、孟祥、何东宁、林莹：《〈关于人民法院办理仲裁裁决执行案件若干问题的规定〉的理解与适用》，载《人民司法(应用)》2018 年第 13 期，第 41 页。

② 江苏高院 2017 年 11 月 27 日发布《关于执行内容不明确时如何执行有关问题的通知》，http://www.jsfy.gov.cn/art/2017/11/27/11_92834.html，最后访问时间：2021 年 3 月 28 日。

明确执行内容后申请执行……”有学者认为另行诉讼可能会就诉讼请求范围产生争议，即应就原纠纷另行诉讼还是仅针对不明部分提起诉讼[①]。在笔者看来，法院需对案件整体进行把握，不能仅针对原仲裁裁决中的不明部分，而应将整个争议案件重新审理，通过双方当事人举证质证、法庭调查等一系列程序作出裁判。因此，另行诉讼并不会引起诉讼请求范围的争议。

综上，在我国现行规范中，对“仲裁裁决主文不明”的救济规定尚不完备，制度的缺位导致了实践解决方式的杂乱无章、执行困境与阻碍的不断横生，亟待修改完善。

（二）实践标准不一

最高院在对2001年澳大利亚庄臣有限公司申请执行仲裁裁决案[②]的答复中，采取的是由仲裁机构解释的做法。该案申请执行人为澳大利亚庄臣有限公司（以下简称庄臣公司），被申请人为广州金城房地产股份有限公司（以下简称金城公司），在庄臣公司根据中国国际经济贸易仲裁委员会深圳分会作出的仲裁裁决向广州中院申请执行后，金城公司提出异议、请求中止执行，理由包括仲裁裁决没有给付内容，不符合执行立案条件（主要涉及财产清算问题）。广州中院执行庭认为，执行内容不明确具体。广东高院的多数意见认为不能受理执行，因为该仲裁裁决没有给付内容，不具有可执行性，最高院经审查认为，该案不存在不予执行的法定事由，而是执行依据确定的内容是否明确具体的问题，清算应为仲裁裁决的附属行为，执行法院对清算报告不能直接确认并据以执行。

最高院在河南省蒲新防腐建设工程公司执行复议申诉案件中[③]，裁定驳回申诉请求。该案执行依据为郑州仲裁委员会作出的（2014）郑仲调字第429号仲裁调解书，申请执行人向郑州中院申请执行后，郑州中院作出（2016）豫01执1404号之一执行裁定，以执行标的不明确为由驳回了申请执行人的申请，经申请执行人异议、复议和申诉，郑州中院、河南高院、最高院均认

① 黄宣、朱程、申婷婷：《论执行依据不明的救济机制——基于当事人权利保障的视角》，载《沈阳工业大学学报（社会科学版）》2019年第5期，第2页。

② 参见江必新、贺荣主编：《最高人民法院执行案例精选》，中国法制出版社2014年版，第259-268页。

③ 参见（2017）最高法执监469号民事裁定书。

为本案执行标的不明确，最终最高院驳回了申请执行人的申诉请求。虽然此案执行依据为仲裁调解书，与仲裁裁决书在制作程序等方面有所差异，但同为仲裁机构制作的可予执行的生效法律文书，可以看出，近年来最高院对主文不明的仲裁文书的处理方式为“驳回执行申请”。

上海一中院的法官阮国平及法官助理马姗姗认为，对申请执行的仲裁裁决书中具体权利义务等内容不明确的，法院不应简单裁定驳回，应仔细审查裁决书，若可补正或说明，应书面告知仲裁机构补正或者说明，或向仲裁机构调阅案卷查明。若仲裁机构既不补正也不说明，或是非可补正的复杂情况，经征询仲裁庭、调阅仲裁案卷后仍旧无法确定的，法院可裁定驳回执行申请。当事人不服驳回裁定的，可以提出执行异议，由法院执行裁判部门审查裁定。[①]可见，上海一中院倾向于先由仲裁机构补正说明或由法院向仲裁机构调卷查明，仍无法确认执行内容时，才采取“驳回”方式。前述江苏高院的力促和解、补正说明、最后裁定驳回执行申请的观点与此类同。

由此可见，实践中对于主文不明的仲裁裁决的处理，尚不存在统一标准。

（三）理论探讨不足

现有文献的论述偏重于对“执行解释”“补正救济”以及“裁定驳回执行申请”的探讨，少有对“补充裁决”救济方式的论述，导致无法从根源上解决仲裁裁决主文不明的问题。

执行依据解释包括执行机关解释、审理机构解释两大类。执行机关解释是指，执行机关在执行程序中发现执行依据内容不明时，执行机关可以结合执行依据文义，审查确定具体给付内容。[②]有学者反对执行解释权救济论，如童兆洪法官认为，“有的执行员在执行过程中不恰当地运用起‘自由裁量权’，随意改变执行依据和执行内容，极易导致权力的滥用”。[③]审理机构解释是指，应充分利用审执机构间的沟通协调，执行机关及时反馈执行依据明确性之缺陷，审理机构发挥充分掌握案件信息的优势作出解释回应，更符合

---

① 参见阮国平、马姗姗：《仲裁裁决执行案件的司法审查要点和裁判思路》，载《上海法学研究》集刊（2019 年第 17 卷 总第 17 卷）——上海国际经济贸易仲裁委员会文集。

② 参见傅松苗、丁灵敏编：《民事执行实务难题梳理与解析》，人民法院出版社 2017 年版，第 6 页。

③ 参见童兆洪：《民事执行权研究》，法律出版社 2004 年版，第 113 页。

效率原则。[1]

持"补正救济"观点的学者认为，补正不改变执行依据的实质内容，是对原来事项、内容的补充或更正说明[2]，故可参照误写、误算或类似的显然错误的补救方式。有观点反对此看法，认为补正一般只能针对明显的误写、误算等错误，而对于不具有此类"形式错误"表征的不明确情形，则仍需要借助其他方法。[3]

还有学者认为，可参考大陆法系国家中德国的做法，若无法通过对生效法律文书的解释确定强制执行的范围，则该执行名义不具有可执行性，债权人必须通过诉讼使其给付内容确定。[4]即在上述措施均无果时，由执行机关裁定驳回执行申请、告知当事人另行诉讼解决。

然而，执行机关解释极易超出文义范围造成执行干预仲裁审理，即实体监督仲裁的严重后果。审理机构解释一般限于书面的重新审查阅卷，可能仍旧无法厘清文书不明部分的权利义务关系或给付内容。补正救济则与"书写性错误"的补救方式相混淆。同时，解释不清、补正不明，最终的走向仍是驳回执行申请，而在权利人的执行申请被驳回后，将给其带来诸多不利后果与不必要的诉讼负担。

综上所述，在笔者看来，上述救济措施未能使纠纷得到真正解决，相反却是纠纷的又一次开始，因此，对于仲裁裁决主文不明的救济，应当进一步探寻实质性救济的方式。

二、国外仲裁法及仲裁规则借镜

笔者将中国仲裁网与中国国际经济贸易仲裁委员会官网中公示的外国仲裁法、仲裁法案及仲裁规则进行了整理汇总，发现国外对仲裁裁决主文不明问题的救济规定亦不常见。其中，瑞典《斯德哥尔摩商会仲裁院仲裁规则》（Arbitration

---

① 参见崔海伦:《民事执行依据不明问题实证研究》，山东大学2019年硕士学位论文，第28-30页。

② 参见冯灼兰:《执行依据不明确的缺陷弥补与权利救济》，载《东南司法评论》(2017年卷·总第10卷)，齐树洁主编，厦门大学出版社2017年版，第348页。

③ 参见马家曦:《执行内容确定之程序展开——以"执行依据"不明的解释及应对为中心》，载《甘肃政法学院学报》2019年第3期。

④ 参见百晓锋、董少谋:《生效法律文书给付内容不明问题之处理》，载《人民法院报》2016年第8版。

Rules of the Arbitration Institute of the Stockholm Chamber of Commerce）第 41 条与《美洲国家商事仲裁委员会仲裁规则》（Arbitration Rules of the Commercial Arbitration Commission of America Countries）第 35 条对主文不明的仲裁裁决的救济有所涉及，其他均是对“书写、计算类错误”及“漏裁事项”的处理规定。

因此，笔者将整理到的规范分为三部分，一为对仲裁裁决主文不明的救济规定分析，二为“漏裁事项”的处理规定汇总，三为“书写性错误”的处理规定汇总。通过比较分析三类情况的异同，对仲裁裁决主文不明的救济方式做进一步探究。

（一）仲裁裁决主文不明的救济规定

1. 瑞典《斯德哥尔摩商会仲裁院仲裁规则》

第 41 条　裁决的更正与解释

（1）收到裁决后 30 日内，一方当事人经通知他方当事人，可以请求仲裁庭就裁决中的书写、打印或计算错误进行更正，或者就裁决的具体事项或特定部分提供解释。如果仲裁庭认为请求正当，应当在收到该请求后 30 日内做出更正或提供解释。

（2）仲裁庭可以在裁决做出之日起 30 日内自行对上述第 1 款所指各类错误予以更正。

（3）对裁决的更正或者解释应为书面，并应当符合第 36 条的要求。

在第 1 款中，分别叙述了“书写、打印或计算错误”与“具体事项或特定部分”，可据此分析，二者的性质应不相同，分别为非实体性的书写瑕疵和影响当事人权利义务分配或执行标的之确定的实体性问题。另外，若当事人请求对“裁决的具体事项或特定部分”进行解释，那么此部分内容应当已经过仲裁庭的审理，而非为当事人提出了申请但被仲裁庭遗漏的事项。因此，瑞典《斯德哥尔摩商会仲裁院仲裁规则》第 41 条第 1 款中的“具体事项或特定部分”应当包含仲裁裁决主文不明的情况，如裁决书中权利义务主体不明、给付内容不清等。那么，斯德哥尔摩商会仲裁院针对仲裁裁决主文不明的救济，采用的方式是由原仲裁庭进行书面解释。相比于其他仲裁委员会或仲裁院，斯德哥尔摩商会仲裁院的这一规定，对仲裁裁决中不同性质问题的处理与救济，无疑是更加完备的。

2.《美洲国家商事仲裁委员会仲裁规则》

第35条　仲裁裁决的解释

（1）在收到仲裁裁决后三十天内，任何一方当事人，经通知他方后，可要求仲裁庭就该裁决进行解释。

（2）仲裁庭应于收到要求后四十五天内对裁决作出书面解释。解释应成为裁决的一部分，并适用第32条第2款至第7款的规定。

在本条第1款中，任何一方当事人在收到裁决后30天内可以要求仲裁庭就仲裁裁决的内容进行解释，但具体是因裁决主文不明确还是仲裁庭遗漏事项或是出现书写、计算等非实质性错误，未予明确。根据第36条[①]规定由仲裁庭以更正方式纠正“计算、誊写或打字上的错误”，以及第37条[②]规定以补充仲裁方式处理“当事人已提出但漏裁的请求”，可以分析出，第35条中所阐述的仲裁庭需要解释的内容针对的应是已经过仲裁审理但尚未明晰的事项，即指代“仲裁裁决主文不明”。由此可见，美洲国家商事仲裁委员会对“仲裁裁决主文不明”问题的处理方式为：由原仲裁庭遵循仲裁裁决的制作规范给出书面解释，并作为原仲裁裁决的一部分。

但书面解释于救济实体内容不明而言仍欠缺一定的公正性与规范性，解释一般是原仲裁庭根据此前在庭审中掌握到的材料以及审理笔录等资料再次阅读审查，并未组织双方当事人到场辩论，也未进行证据的收集、专门性问题的鉴定等，解释结果仍难免具有一定的瑕疵。

（二）“漏裁事项”的处理规定汇总

由于各国对“漏裁事项”的处理规定繁多，笔者在此就不再展示具体条文内容，而直接将检索结果以表格形式呈现。

---

① 《美洲国家商事仲裁委员会仲裁规则》第36条：“（一）在收到仲裁裁决后三十天内，任何一方当事人，经通知他方后，可要求仲裁庭对计算上的错误，誊抄或打字上的错误，或其他类似性质的错误加以更正。仲裁庭在送达裁决后三十天内也可自行作出上述更正。（二）上述更正应以书面形式作出，并适用第三十二条第二款至第七款的规定。”

② 《美洲国家商事仲裁委员会仲裁规则》第37条：“（一）在收到仲裁裁决后三十天内，任何一方当事人，经通知他方后，得申请仲裁庭就仲裁程序中已经提出而在裁决中遗漏的请求作出补充裁决。（二）如仲裁庭认为要求补充裁决的申请有理由，并认为其遗漏部分可以不必再举行听证或调查证据而加以纠正，应在收到申请后六十天内完成其裁决。（三）制作补充裁决，应适用第三十二条第二款至第七款的规定。”

仲裁法或仲裁规则条文要点	处理方式	仲裁法或仲裁规则条文要点	处理方式
《葡萄牙 1986 年仲裁法》第 27 条“撤销仲裁裁决”	撤销仲裁裁决（同样适用“超裁”情形）	《世界知识产权组织仲裁中心仲裁规则》“裁决的解释和修改”第 50 条	补充裁决
《英国 1996 年仲裁法》第 57 条“更正裁决书或附加裁决书”	补充裁决（构成裁决一部分）	《联合国国际贸易法委员会仲裁规则》“裁决”第 36 条	补充裁决
《美国仲裁协会国际仲裁规则》第 30 条“裁决的解释和更正”	补充裁决	《美洲国家商事仲裁委员会仲裁规则》第 36 条“裁决的更正”第 37 条“补充裁决”	补充裁决
《伦敦国际仲裁院仲裁规则》第 27 条“裁决书的改正及附加裁决”	附加裁决	《俄罗斯国际商事仲裁院仲裁规则》第 39 条“裁决的附加和修改”	补充（附加）裁决（举行新的庭审后作出；构成裁决的组成部分）
《新加坡国际仲裁中心规则》第 28 条“裁决书的改正和追加裁决”	追加裁决		

对仲裁庭遗漏审理的事项，各国大多采取补充裁决的救济方式，但在具体细则规定上有所不同。根据《联合国国际贸易法委员会仲裁规则》《美洲国家商事仲裁委员会仲裁规则》的规定，如果仲裁庭认为无必要可毋庸举行听证或证据调查等程序。根据《俄罗斯国际商事仲裁院仲裁规则》的规定，附加裁决应由仲裁庭召集当事人举行新的庭审后作出。在笔者看来，俄罗斯国际商事仲裁院的做法可予借鉴，举行新的庭审对“漏裁事项”进行重新审理，有助于梳理问题焦点、透彻解决问题，避免发生做出补充裁决后仍产生裁决不明晰导致执行难的情况。

（三）“书写性错误”的处理规定汇总

同样，各国对“书写性错误”的处理规定也比较成熟，笔者亦直接将检索到的要点以表格形式呈现，进行比对分析。

仲裁法或仲裁规则条文要点	处理方式	仲裁法或仲裁规则条文要点	处理方式
《英国1996年仲裁法》 第57条“更正裁决书或附加裁决书”	**更正或附加裁决** （构成裁决一部分） **“歧义”—更正裁决** （构成裁决一部分）	**《世界知识产权组织仲裁中心仲裁规则》** 第50条“裁决的解释和修改”	仲裁庭澄清
《美国仲裁协会国际仲裁规则》 第30条“裁决的解释和更正”	**仲裁庭解释或更正**	**《联合国国际贸易法委员会仲裁规则》** 第36条“裁决”	仲裁庭更正 （书面形式）
《国际商会仲裁规则》 第35条“裁决”	**仲裁庭更正** （构成裁决书一部分）	**《美洲国家商事仲裁委员会仲裁规则》** 第36条“裁决的更正” 第37条“补充裁决”	仲裁庭更正 （书面形式）
《伦敦国际仲裁院仲裁规则》 第27条“裁决书的改正及附加裁决”	**仲裁庭改正** （单独的备忘录形式；构成裁决书一部分）	**《俄罗斯国际商事仲裁院仲裁规则》** 第39条“裁决的附加和修改”	仲裁庭更正 （构成裁决的组成部分）
《新加坡国际仲裁中心规则》 第28条“裁决书的改正和追加裁决”	**仲裁庭改正** （在裁决书正本直接改正或另以备忘录形式改正；构成裁决书一部分）	**《斯德哥尔摩商会仲裁院仲裁规则》** 第41条“裁决的更正与解释”	仲裁庭更正
《意大利仲裁协会仲裁规则》 第31条“裁决书的修改”	**仲裁庭改正** （在裁决尾部的备忘录上书面修改）		

以上对仲裁裁决的“书写、打印、计算等错误”，基本采取由原仲裁庭更正改正或澄清、解释的方式，且大部分都以书面形式予以确认，一些国家将其作为裁决书的一部分。

在笔者看来，“仲裁裁决主文不明”与“遗漏裁决的事项”性质相似，均可归类为实体性错误，且争议较大，不能与“书写类瑕疵”相混淆，应当区别设置救济方式。笔者建议，救济仲裁裁决主文不明的方式可借鉴《俄罗斯国际商事仲裁院仲裁规则》第39条中的“补充裁决”，组织当事人举行新的庭审，必要时举行听证或证据调查，作出补充裁决并作为原仲裁裁决的一部分，成为可执行的有效法律依据。由于我国与瑞典、美洲国家的司法实践不同，仲裁裁决主文不明情况的严重性大小尚未可知，它们所采的书面解释说明的方式是否与我国司法实践相适配，有待进一步考察。

三、现有救济模式评析与反思

（一）调解、和解解决

法院主持调解或当事人达成和解，均旨在通过双方当事人就仲裁裁决主文不明部分达成合意，从而使执行顺利进行、减少后续异议。这是充分尊重当事人意思自治的体现，也是尽量化解争议、减少当事人不服不满情绪的有力做法。

然而，执行机关并不能总是通过调解或和解来有效救济仲裁裁决主文不明问题。首先，达成和解或调解协议，是双方当事人对主文不明部分的相互妥协，但既然双方无法于纠纷审理时达成合意，于执行阶段达成和解更非易事。其次，实践中可能存在被申请执行人利用执行和解拖延时间来转移财产的情况，从而侵害债权人合法权益。再次，由于执结率等原因亦会出现部分当事人被迫和解之情形。最后，一味地追求调解、和解，亦会降低执行效率。

综上，调解或和解的处理方式难以从源头上解决仲裁裁决主文不明问题，但可以此作为辅助性的补充帮助手段，将部分纠纷予以化解。

（二）仲裁庭补正

如前所述，补正方式针对的一般是“文字、书写类错误”。根据《仲裁裁决执行规定》第4条[①]的规定，对“文字、计算类错误”采用仲裁庭补正或说

---

① 《仲裁裁决执行规定》第4条：“对仲裁裁决主文或者仲裁调解书中的文字、计算错误以及仲裁庭已经认定但在裁决主文中遗漏的事项，可以补正或说明的，人民法院应当书面告知仲裁庭补正或说明，或者向仲裁机构调阅仲裁案卷查明。仲裁庭不补正也不说明，且人民法院调阅仲裁案卷后执行内容仍然不明确具体无法执行的，可以裁定驳回执行申请。”

明的方式。《仲裁法》第56条[①]及各仲裁规则中也是同样的规定。另外，参考同为执行依据的民事判决，"补正裁定"亦针对笔误和文字差错。如《民事诉讼法》第154条"关于裁定的适用范围"的第7项是"补正判决书中的笔误"，《民诉法解释》第245条进一步规定了笔误的具体情形，《法官行为规范》第54条第2项规定："对重要文字差错或者病句，能立即收回的，当场及时收回并重作；无法立即收回的，应当制作裁定予以补正。"

可见，补正方式主要用来解决生效法律文书中明显的笔误及文字差错，对不具有此类"形式错误"表征的不明确情形，则仍需要借助其他方法。[②]因此，对于"非形式类错误"的主文不明，不适宜以"补正"方式处理。但需要注意的是，若因仲裁庭概括表述等原因导致仲裁裁决主文内容不明确，即仲裁庭存在失误，可将补正说明作为明确主文内容的救济方式。

（三）执行解释

鉴于直接裁定驳回执行申请过于简化且有损当事人权利，补正制度又在适用范围上具有局限，实务发展及理论研究均在对执行依据的解释上逐渐深入。目前，我国理论界关于执行依据解释的主体，存在两种观点。观点一：审理机构解释。执行依据内容不明确，当事人有争议的，经当事人申请或执行法院决定，由制作该法律文书的机构进行解释。制作该法律文书的机构无法进行解释的，由执行法官进行解释。当事人对执行法官的解释不服的，可以提出执行异议。该观点认为，由执行部门直接解释会有损裁判、裁决权威，干预审理，[③]宜由原审理机构解释。观点二：执行机关解释。执行依据的内容不明确，当事人确有争议的，由执行法院裁定解释其文义。当事人不服该裁定的，可以提出执行异议。当事人对针对异议所作的裁定不服的，可以向上级法院申请复议。此观点从执行程序的效率价值角度出发，认为执行机关能通过调查权、裁决权高效完成的事项就无须让原审部门解释。[④]有学者主张借鉴德国的

① 《仲裁法》第56条："对裁决书中的文字、计算错误或者仲裁庭已经裁决但在裁决书中遗漏的事项，仲裁庭应当补正；当事人自收到裁决书之日起三十日内，可以请求仲裁庭补正。"

② 参见马家曦：《执行内容确定之程序展开——以"执行依据"不明的解释及应对为中心》，载《甘肃政法学院学报》2019年第3期。

③ 参见范加庆：《执行部门不能对执行依据进行解释》，载《人民司法（案例）》2016年第32期。

④ 参见陈渝：《执行依据可执行性缺陷的补救》，载《人民司法》2007年第1期。

执行机关解释制度，以形式审查原则为限制，在解释的方式、资料与范围上有所限制，但客观上仍存在根据其他解释方法或“适度性”原则斟酌执行范围的例外。[①]

对于观点一，在笔者看来，即使由原仲裁庭解释，仍易导致争议的反复。原仲裁庭在解释说明时，一般根据审理笔录、双方当事人已提交的证明材料进行书面的重新审核，对于争议焦点缺乏庭审讨论、辩驳举证等程序，会导致解释后的内容仍存在不明确的情形，双方当事人仍有出现争议的可能，造成案件在执行机关与审理机构之间的来回反复。另外，仲裁庭作出的解释可否作为原仲裁裁决的一部分，或仅为一份书面说明，如果系书面说明，在当事人仍旧提出异议时又该以何种方式救济，是通过执行异议还是执行复议解决？

对于观点二，在笔者看来，执行机关解释违背了司法对仲裁的程序监督原则，不宜适用。

首先，执行力的确认属于国家司法机关，而不属于执行机关。由于仲裁裁决的民间性，实质上，其并不在作出后当然地具有强制执行力，而需要经司法机关的确认。[②]但此确认过程涉及的应当是法院的审判权，而非执行权，即执行机关无权对主文不明的裁决内容的执行力直接作出裁断。仲裁作为一种具有民间裁决性质的纠纷解决方式，具有其独立性，与诉讼之间的关系为或裁或审，已经仲裁审理过的案件适用一裁终局原则，不应由法院再审理。虽然执行权包含执行裁决权和执行实施权，执行法官有权针对执行中的一些事项进行审查判断，但执行法官仅能对仲裁裁决进行程序性的监督，而主文不明涉及仲裁实体问题，不应当由执行机关进行解释。

其次，执行机关难以掌控“文义解释”的界限。德国的执行解释制度规定执行机关只能对执行依据的主客观范围进行解释，不得解释实体请求权是否存在，解释的基础资料一般限于执行依据本身，仅得循文义解释方法予以澄清，原则上不得斟酌执行依据以外的事实情况。[③]但在笔者看来，我国司法

① 参见马家曦:《执行内容确定之程序展开——以“执行依据”不明的解释及应对为中心》，载《甘肃政法学院学报》2019 年第 3 期。

② 参见张卫平:《现行仲裁执行司法监督制度结构的反思与调整———兼论仲裁裁决不予执行制度》，载《现代法学》2020 年第 1 期。

③ 参见马家曦:《执行内容确定之程序展开——以“执行依据”不明的解释及应对为中心》，载《甘肃政法学院学报》2019 年第 3 期。

实践中，执行机关往往难以把握此界限，若超出“文义解释”范围，采用查阅卷宗、讯问当事人等方式，会不当扩大执行的自由裁量权。

最后，执行机关解释对执行效率的提高并不显著。“根据司法权运行理论，执行解释权的行使主体只能归属于具有审判资格的法官，行使程序也只能参照执行裁决案件处理程序进行，在司法实践中，执行裁决案件往往要经过审查立案、召开听证会、合议庭合议、制作法律文书并送达等多个环节，在这种情况下，执行解释权能够提高执行效率一说并无现实基础。”[①] 新了解一宗案件、把握纠纷争议焦点、厘清不明部分事实，对执行法官来讲，其所耗费的时间不一定会少于由原仲裁庭重新就不明部分审理所需要的时间。

因此，在笔者看来，不论是由执行机关还是原仲裁庭解释，对仲裁裁决主文不明问题均难以起到实质的救济作用，且后续救济规定目前处于缺位状态。若经解释仍无法明确、执行机关作出驳回执行申请的裁定，当事人如何另诉，是就给付标的提起给付之诉，还是对不明确的法律关系提起确认之诉？若当事人对执行机关的解释有异议，能否提起执行异议之诉？目前尚无明确的法律规范作支撑。

（四）裁定驳回执行申请

在笔者看来，“裁定驳回执行申请”是一种治标不治本的做法，甚至将案件又推回原点。主文不明问题非因当事人之错误引发，直接裁定驳回执行申请，于权利人而言并不公平，重新选择其他纠纷处理方式同样是对司法资源的重复耗费。下面，笔者将从执行程序启动要件的审查原则、保护申请执行人利益两方面对“裁定驳回执行申请”的局限性进行阐述。

1. 与执行启动的审查原则相悖

大陆法系诸多国家和地区在执行程序开始的审查中，基本以形式审查原则为主。以我国台湾地区的执行许可制度为例，执行审查的要件因是否涉及实体争议分为一般要件与特别要件，前者包括执行名义合格等形式要件，后者包括对待给付已履行、附条件给付中条件已成就等要件，[②] 与“执行依据的内容

① 王建：《“审执分离”视野下的“审执统一”——浅谈民事判决执行力缺陷的救济》，载《执行工作指导》（第一辑），最高人民法院执行局编，江必新、刘贵祥主编，国家行政学院出版社2016年版，第58页。

② 参见陈计男：《强制执行法释论》，台北元照出版有限公司2012年版，第121-137页。

应明确”的审查要求的旨意是不同的。我国台湾地区“强制执行法”第8条第1项规定：“关于强制执行的事项及范围发生疑义时，执行法院应调阅卷宗。”但若经解释，执行名义的内容仍然无法明确，即执行名义欠缺执行力，执行法院应当驳回强制执行申请，允许当事人采用另行诉讼的方式进行救济。[①]大陆法系的德国、日本、韩国实行的执行文制度[②]也是如此，他们都是以启动执行程序为首要目的，而“执行内容明确”并不是启动执行的基本要件，而是一种特殊的实质要件，该特殊要件的审查依照特殊的执行依据解释程序进行，并非由受理执行申请的机构进行。

我国《民诉法解释》第463条规定的“权利义务主体明确、给付内容明确”为对执行依据明确性的要求，目的是规范执行依据裁判者、裁决者在审理案件时审慎为之，作出规范明确的法律文书、方便执行，但司法实践中却将其作为启动执行的审查要件（如《最高院关于执行案件立案、结案的意见》第20条[③]，《办理执行案件规范》第33条第1款[④]第4项），在执行启动环节即对作为执行依据的仲裁裁决进行实质要件的审查，这种在执行立案审查环节设置实质性的审查要件，对不符合“执行内容明确”的申请予以驳回，是过于严苛的。

2. 有损申请执行人的利益

根据最高院审判委员会的意见，法院直接裁定不予受理或者驳回请求的做法并不妥当。[⑤]仲裁裁决主文内容不明并非因当事人原因所致，若允许执行

① 参见张登科：《强制执行法》，台北三民书局有限公司2012年版，第77–78页。

② 参见肖建国：《执行当事人变更与追加的救济制度研究——基于德、日、韩执行文制度的比较研究》，载《法律适用》2013年第7期。

③ 《最高院关于执行案件立案、结案的意见》第20条：“执行实施案件立案后，经审查发现不符合《最高人民法院关于人民法院执行工作若干问题的规定（试行）》第18条规定的受理条件，裁定驳回申请的，以‘驳回申请’方式结案。”

④ 《办理执行案件规范》第33条第1款：“当事人申请执行应当符合下列条件：（一）申请执行的法律文书已经生效且该文书确定的履行义务所附的条件已经成就或者所附的期限已经届满；（二）申请执行人是生效法律文书确定的权利人或其继承人、权利承受人；（三）申请执行的法律文书权利义务主体明确；（四）申请执行的法律文书具有肌肤内容且给付内容具体、明确；（五）生效法律文书确定的义务未履行或未全部履行；（六）属于受申请执行的人民法院管辖。”

⑤ 参见江必新主编：《最高人民法院民事诉讼法司法解释专题讲座》，中国法制出版社2015年版，第363页。

法院以执行名义确定的给付内容不明确为由裁定驳回执行申请，必然要求给申请执行人提供补正执行名义的机会，但法律与司法解释均无相关规定。[①] 此时，当事人不得不选择其他救济方式再次解决纠纷，因仲裁审理者的过错产生的不利后果却让当事人承担，是极不合理的。根据《仲裁裁决执行规定》第5条规定，申请执行人对因裁决主文不明导致无法执行而被驳回执行申请的裁定，可以自裁定送达之日起十日内向上一级法院申请复议。该条文实际是欠缺一定法理依据的，因为执行异议、复议针对的是法院的违法执行行为，然而执行申请被驳回的情况下并不存在实际的执行行为。另外，异议、复议属于程序性救济措施，用于解决救济"因主文不明而被驳回执行申请"的执行申请人的权利，也并不适宜。

综上所述，"裁定驳回执行申请"具有明显的内在缺陷，未实质解决仲裁裁决主文不明问题，笔者认为不宜将其作为首要解决裁决主文不明问题的救济方式，建议将其作为多种救济方式无果后的兜底措施。

四、仲裁裁决主文不明的救济对策

（一）构建补充裁决救济制度

仲裁裁决主文内容不明系实体性瑕疵，在救济制度的设置上应严格与程序性瑕疵相区分。执行法院裁定驳回执行申请的做法由于不能从根源上解决裁决主文不明的困境，也不应作为主要的救济措施。在笔者看来，应构建补充裁决救济制度，由执行法院通知原仲裁庭就不明部分重新审理作出补充裁决，补充裁决构成原裁决的一部分，一并成为可执行的生效法律文书。

1. 补充裁决的优越性分析

（1）规范文书的使用

《贸仲规则》分别用"裁决书的更正"和"补充裁决"来解决文字、书写类瑕疵和遗漏裁决事项，域外诸多国家同样如此规定。被遗漏裁决的事项与主文内容均涉及案件实体问题的审理裁决，因此应当采用相似的救济规定。那么，我们在对仲裁裁决不同问题的救济方式上，则应分别用书面更正、补充裁决两类文书解决程序性及实体性问题，这将有利于区分仲裁裁决的不同

① 参见张卫平主编：《最高人民法院民事诉讼法司法解释要点解读》，中国法制出版社2015年版，第396页。

种类瑕疵与错误，从而规范仲裁文书的使用。

（2）符合司法对仲裁的程序监督原则

在司法对仲裁的执行监督当中，执行机关无权确定主文不明部分的执行力。而将案件发回原仲裁庭重新审理、作出补充裁决，系司法监督仲裁执行的应有之义。虽然我国目前未规定执行文制度，也尚未制定单独的强制执行法，但基于执行中不断横生的难题，有必要借鉴法国、德国、日本等国家的执行文制度的法理，严格区分执行依据执行力的确定权与执行机关的执行权，由审理机构来确定执行依据的执行力。

（3）契合执行依据明确性规范的功能要求

《民诉法解释》第 463 条系对执行依据明确性的规范，其功能在于规范审理者的审理行为，进而作出明确可执行的生效法律文书。那么在作为执行依据的仲裁裁决主文存在不明部分时，执行法院应当向文书制作部门提出执行建议，通过文书制作部门的自我完善使得执行名义的给付内容得以确定，[①] 即应由原仲裁审理者对此作出补充裁决，纠正其不规范的行为、明确当事人之间的权利义务关系，而不是以裁定驳回等方式在执行立案阶段设置障碍。

（4）为当事人提供二次救济途径

仲裁裁决出现法定的撤销或不予执行情形，当事人可向法院提出申请。当裁决主文不明，执行法院通知仲裁庭作补充裁决，并作为原仲裁裁决的一部分，当事人如果对补充裁决仍存在异议，认为符合可撤销或不予执行情形的，那么就可采同样的救济方式维权，而这是普通的书面补正或解释说明所不能及的。

（5）提高执行效率

由于原仲裁庭已对案件进行过审理，已获取双方提供的材料，对纠纷十分了解，能够在重新审理程序中尽快切入主题抓住重点，做出清晰的补充裁决，相比由执行法官通过调取卷宗查阅分析予以解释更有效率。

2. 补充裁决救济制度的设计

在制度设计上，笔者建议参考我国台湾地区的规定方式，将其放置于我国未来的《民事强制执行法》中。具体可规定为：“仲裁裁决主文内容不清晰、不明确，无法通过当事人自行和解或执行机关主持调解达成一致的，执行法

① 张卫平主编：《最高人民法院民事诉讼法司法解释要点解读》，中国法制出版社 2015 年版，第 397 页。

院应当书面通知原仲裁庭作补充裁决，补充裁决作为原仲裁裁决的一部分。”若强制执行法确立了执行文制度，可将此条归于其项下，由执行文付与机关实行。

需要注意的是，如果由于仲裁庭的失误导致制作裁决书时出现概括性表述，那么此时的救济方式可以采取由仲裁庭补充说明或作出解释，可由执行机关发回仲裁庭审查，由仲裁庭判断究竟属于概括性表述或争议未得到明确解决哪种具体情形，进而补充说明或补充裁决。

（二）将调解、和解作为辅助处理机制

在充分尊重双方当事人意愿的前提下，由执行法院主持、就仲裁裁决中的不明确部分进行调解使双方达成协议，或者双方自行和解，可减少执行异议、提高执行效率。但要注意的是，执行法院不能为快速执结而强迫调解，也不能久调不决。因此，调解、和解可以作为辅助性的处理机制加以规定。

综上，在笔者看来，在执行仲裁裁决的案件中，对主文不明情形，若系仲裁庭概括性表述等失误而致，则可由仲裁庭予以补充说明，若系未明确解决争议，在当事人无法自行和解或达成调解协议时，应由原仲裁庭重新开庭就争议事项进行审理作补充裁决，补充裁决作为原仲裁裁决的一部分，可作为生效法律文书予以执行。若补充裁决仍不能明确相关内容，执行法院才可裁定驳回执行申请。如此规定，既明确区分了“非实质性差错”与“实体性错误”，避免了执行权与裁决权的混淆，亦会在一定程度上提高仲裁案件的执行效率，同时减少不必要的司法资源浪费。

披露：第三方资助规制的最优解？

余丽缘 *

● **摘　要**

近年来，国际商事仲裁对第三方资助的讨论逐渐由其合法性转移到如何使其得到更好的规制。第三方资助进入国际仲裁市场后在费用担保和仲裁员利益冲突方面带来了不利影响，而披露制度使得这些缺陷能够在仲裁程序早期得以发现并消减不良影响。因此，披露被视为第三方资助监管的最佳解决方案。然而，对于适当的披露要求没有清晰一致的指导原则使得其作为最优解的结论被怀疑。这是由于披露本身与其他仲裁制度设计，如法律特权与保密要求的冲突。因此，制定和完善设计对第三方资助的披露制度至关重要。本文对此做出研究以期为商事仲裁第三方资助的发展及规范提供相关理论支持。

● **关键词**

信息披露制度　国际商事仲裁　第三方资助　仲裁员利益冲突　费用担保

---

* 余丽缘，2019 级伦敦政治经济学院法学院硕士毕业生。

Graduate student of L.L.M (Law School) at London School of Economics and Political Science. The author may be contacted at liyuan_yu@foxmail.com.

Abstract: In recent years, The discussion regarding third-party funding in international commercial arbitration has gradually shifted from its legality to its regulation. The entry of third-party funding into the international arbitration market has brought about adverse effects in terms of security of cost and arbitrators' conflicts of interest. Disclosure system enables these deficiencies to be discovered and mitigated early in the arbitration process. Thus, disclosure has been regarded as the best solution for third-party funding regulation.

However, there is no clear and consistent guiding principle for appropriate disclosure requirements that makes its conclusion as the optimal solution doubtful. This is due to the conflict between disclosure itself and the design of other arbitration systems, such as legal privileges and confidentiality requirements. More precisely, some unethical parties even might take notorious "guerrilla tactics" by exploiting the disclosure requirements. Therefore, formulating and perfecting the design is crucial to the third-party funding disclosure system. This article focus on disclosure in order to provide relevant theoretical support for the development and regulation of third-party funding for commercial arbitration.

Key Words: disclosure system, international commercial arbitration, third-party funding, arbitrators' conflict of interest, security of cost

I. Introduction

As debates on the in-fact legality of third-party funding heat up, more international arbitration bodies admit third-party funding by eliminating the influence of the principle against *champerty and maintenance* in international arbitration[①]. The benefits of third-party funding that provide impecunious parties

① Cartoni, Bernardo, "Third Party Funding: Gambler's Nirvana or Useful Tool? Recent Developments in Hong Kong and Singapore", *SSRN Electronic Journal* (2018).

with access to justice are also widely recognized. Although the debates regarding its legality have not been the end, the arbitration community in recent years have turned their attention to the regulation of third-party funding to address its flip-side.

Concerning third-party funding regulation, requiring disclosing funding arrangement during the arbitral proceeding comes to the consensus. The rationale behind this requirement is to provide a sufficient remedy to redress the adverse impacts of third-party funding on the arbitral process. Without disclosure, third-party funders will act as the shadow party beyond the control of the tribunal in the arbitration. Under the shadow, it is almost impossible to discover funders' possible essential control over claimant and potential conflicts of interest between funders and arbitrators. Disclosure is also a vital factor when considering the arrangement of security for costs. All the above considerations will have a significant effect on the integrity and fairness of arbitral proceedings.

The importance of disclosure is self-evident. However, there are no clear and consistent guidelines on the appropriate disclosure requirements. In various jurisdictions, legislators launch different disclosure requirements, which may have varied unexpected consequences. Furthermore, disclosure itself might have conflicts with other institutions of arbitration, such as privilege rules and confidentiality requirements. Some unethical parties even might take notorious "guerrilla tactics" by exploiting the disclosure requirements.

This article will, first, provide an overview of third-party funding in international arbitration and then analyze its adverse influence on the arbitral process to elaborate on the rationale behind disclosure requirements. The second section will emphasize the indispensability of disclosure by illustrating two main topics: Security of cost and conflicts of interest. Then, in the third section, this article will compare contemplated standards of disclosure on third-party funding in various jurisdictions to figure out the underlined problem and possible improvement. Finally, the article will come to a conclusion.

II. External Regulation Debate: Rationale behind Disclosure Requirements

1.1 Third-Party Funding in International Arbitration: A brief Introduction

As an alternative dispute resolution that combines a high degree of autonomy, confidentiality and efficiency[①], arbitration had gradually surpassed litigation, and became the mainstream way to resolve international commercial disputes. However, its increasingly high costs have been criticised by involving parties and even rated as the "worst feature" of arbitration[②]. High costs of international arbitration do not objectively impede the parties' right of access to justice. In order to address this concern, countries begin to adopt more moderate policies in the supervision of funding markets[③]. For investors looking for commercial opportunities in the legal market, this is the new tempting cake that they have been dreaming for a long time. Regardless of the prevalence of high-margin claims or streamlining procedures, international arbitration has become an irresistible temptation for third-party funders.

When third-party funding first appears in arbitration, arbitration practitioners are cautious about its occurrence. Previously, third-party funding was an unpopular word in litigation[④]. In some common-law jurisdictions that stick to the old rules, Third-party funding had been deemed as the tool for illegal profiteering in the judicial system[⑤]. The historical relic, named principle of

---

① Nigel Blackably & Constantine Partasides, *Redfern and Hunter on International Arbitration*, 6th ed., Oxford University Press, 2015, p.106.

② WHITE & CASE LLP & QUEEN MARY UNIVERSITY OF LONDON, 2015 INTERNATIONAL ARBITRATION SURVEY: IMPROVEMENTS AND INNOVATIONS IN INTERNATIONAL ARBITRATION 6, at http://www.arbitration.qmul.ac.uk/docs/164761.pdf (last visited on June 30, 2020).

③ *Report of the ICCA-Queen Mary Task Force on Third-party Funding in International Arbitration*, *International Council for Commercial Arbitration*, The ICC Reports No.4, ISBN 978-94-92405-10-4, April 2018, p.183.

④ Caroline D. Santos, "Third-party Funding in International Commercial Arbitration: a wolf in sheep's clothing? ", 35(4) *ASA Bulletin* 919 (2017).

⑤ Anstella Nominees Pty Ltd *v.* St George Motor Finance Ltd., FCA 466 (2003).

champerty and maintenance, is aiming at preventing abuses of justice. It prohibits a third-party from providing unconnected party involving in litigation with financial assistance for making profits.① For example, the investors pay parts or all of the litigation costs in exchange for a portion of the favorable judgment②. As this deep-rooted legal concept extends to arbitration, arbitration funding was also strictly prohibited. However, this principle has been proved to be out-of-date to effectively achieve access to justice during the debates over the legality of third-party funding in international arbitration. Accordingly, some common-law jurisdictions, such as Singapore and Hong Kong, have gradually permitted third-party funding.

While in civil-law jurisdiction, although there is no legal tradition against champerty and maintenance, other traditional theories influence the implementation of third-party funding in modern society. For example, in China, Confucianism promotes '*Wusong* (avoid litigation)' as a social ideal, making the "disgusting litigation" thinking far-reaching. Confucius once stressed in the *Analects of Confucius*, "I can try a lawsuit as well as other men, but surely the great thing is to bring about that there be no going to law." ③ As the commodity economy had gradually replaced the self-sufficient agricultural economy, the social relations under this patriarchal system are progressively replaced by the affirmative concept of a democratic society, and the acceptance of litigation has risen sharply. Moving to modern society, arbitration, the dispute resolution method alternative to litigation, has also opened the new chapter due to social transformation. Therefore, the opinion that reasonable third-party funding should be legalized has been gradually recognized.

---

① Stephen B. Presser, A Tale of Two Models: Third-Party Litigation in Historical and Ideological Perspective 23 n.72, Northwestern Law Searle Ctr. on Law, Regulation, and Econ. Growth, Public Policy Roundtable, Discussion Draft, Oct. 2009.

② Lord Neuberger, "From barratry, maintenance and champerty to litigation funding", *Gray's Inn speech* (2013).

③ Linghao Wang & Lawrence Solum, Amaya, Amalia and Ho, Hock Lai, (eds.), *Confucian Virtue Jurisprudence, in law, virtue and justice*, Oxford: Hart Publishing, 2012, p.56.

The benefits of third-party funding are undeniable. It provides vulnerable parties with enough financial support access to justice. For cash-strapped parties, high cost of the arbitration itself is not the only reason to seek arbitration funding. Delays in the arbitration process due to improper claims may increase the expense of arbitration due to time cost. For example, one party might maliciously submit the challenge to the arbitrator appointed by another party in order to delay the arbitration process. Since there is no legal aid system in arbitration, it is difficult for parties who are unable to pay high arbitration fees to seek arbitration for relief. Due to the maturing of litigation funding to make profits, only meritorious claims have the opportunity to be funded. Third-party funding indeed opens the ways for access to arbitration. Without the illegal concern, third-party funding, this previous unpopular word in litigation, has proliferated in the field of arbitration.

However, systematic and appropriate regulations to eliminate its adverse impact on the arbitral proceedings have not kept pace. The first question comes with the legal identification of third-party funding. What is third-party funding? It is not a simple definition question. Different definitions of third-party funding considered by legislators determine different objects and scope of regulation. For example, IBA Guidelines on Conflicts of Interest in International Arbitration (*IBA Guidelines*) reins in third-party funding by using legal fiction to recognize third-party funders as a party involving the arbitration[①]. This soft law imposes disclosure obligation on the funded party to avoid the influence of potential conflicts of interest between funders and arbitrators on the independence and impartiality of the tribunal. However, this ethical standard might bring unintended consequences that unethical parties exploit the rules to interfere with fair arbitral proceedings[②]. I will further elaborate this guerrilla tactic in the next section.

---

① *2014 Guidelines on Conflicts of Interest in International Arbitration*, International Bar Association, 2014, General Standard 6 (b).

② Günther J., and Stephan Wilske. "Guerrilla tactics in international arbitration", Kluwer Law International (2013).

2. The Flip Side of Third-Party Funding Calls for Disclosure

Third-party funding not only has the benefits but also brings some problems into international arbitration, including arbitrators' conflicts of interests and security of interest. Before continuing the above two main issues, I will illustrate the importance of disclosure from the perspective of the need for the flip-side of third-party funding. All the following flip-sides of third-party funding call for disclosure to make this industry become more transparent and easier to be regulated.

a) Highly concealed third-party funding

Third-party funding in international arbitration is highly concealed. Many third-party funding agencies often operate projects behind the scenes and are reluctant to disclose relevant information to the outside world. At the request of the funding agency, the vast majority of third-party funding agreements are confidential. Arbitration funding is a relatively new industry. Its operations have always been hidden behind the scenes; Its basic model is not always known to the outside world. In practice, some funding agencies will also make some special arrangements to dilute their relationship with the recipients deliberately. For example, some financial institutions have creatively designed other protocol structures. Some funders often set up select purpose vehicles that are independent of the funders themselves to facilitate the signing and fulfillment of the funding agreement[①]. Some funders will also provide funds directly to the law firm of the agent case rather than the funded party. Funding law firm instead of parties to the arbitration increases the concealment of third-party funding relationships[②]. It is precisely because of the hidden nature of the third-party funding relationship and the lack of obligation of the arbitrator and arbitrator to disclose it[③]. The

① *Hulley Enterprises Limited (Cyprus) v.Russian Federation* (PCA Case No. AA 226), *Yukos Universal Limited (Isle of Man) v.Russian Federation* (PCA Case No. AA 227), *Veteran Petroleum Limited (Cyprus) v.Russian Federation* (PCA Case No. AA 228).

② Ibid.

③ Van Boom, Willem H., "Third-Party Financing in International Investment Arbitration", *SSRN Electronic Journal* (2011).

relationship between third-party funding agencies and arbitrators is often not known to the outside world or even to the arbitrator himself.

b) Possible intervention on the arbitral proceedings

Third-party funders have long regarded litigation funding and arbitration funding as investment products and developed a portfolio based on them. Therefore, what appeals to third-party funders is not only cases with larger chances of winning, but also cases with high risk and high returns. A single, potentially unreasonable, high-risk arbitration request may also increase the value of the funder's portfolio. As one of the "giants" of third-party funding for international investment arbitration, Burford said in its annual report, "If we are far from risk because we are afraid of losses, ... we will not be able to maximize the potential performance of this portfolio." ① Third-party funding agencies can also sell the expected returns of various types of dispute cases funded by them in the capital market through securitization. Thus, they can transfer the risks and losses of the case losses to investors in the capital market. Besides, there will be a bubble in the overheated investment in investment products. If the funder is not interested in a small odds case, then the bubble in the third-party funding market will arouse the funder's interest in such cases. In order to obtain more benefits, funders may intervene in the case by requiring control over dispute resolution strategies and case management.②

c) Unclear definition and identification of third-party funding

There is no unified definition of third-party funding in international arbitration. Currently, there are two definitions of this concept in the narrow and broad sense. The narrow third-party funding refers to a third party that has no legal recognition of interest in arbitration provides money or other financial

① BURFORD CAPITAL'S 2015 ANNUAL REPORT, at http://www.burfordcapital.com.scnu.vpn358.com/wpcontent/uploads/2016/03/25029_Burford_RA_2015_WEB_3.pdf(Last visited on January 2, 2020).

② U. S. CHAMBER OF COMMERCE, SELLING LAWSUITS, BUYING TROUBLE: THE EMERGING WORLD OF THIRD-PARTY LITIGATION FINANCING IN THE UNITED STATES, at http://www.instituteforlegalreform.com.scnu.vpn358.com/uploads/sites/1/thirdpartylitigationfinancing.pdf(Last visited on June 20, 2020).

assistance for one party to the arbitration, including the funding of legal fees, arbitration fees, expert witness fees and so on. If the funded party losing the lawsuit, the third party will not recover its actual funding fee[①]. However, if the case is won, the third party can not only get the funding back, but also obtain a certain percentage of the financial return from the final arbitral award[②].

The broad third-party funding includes a variety of situations in which the parties to the case obtain funds from other places, which not only covers narrow third-party funding mentioned above, but also includes loans to financial institutions, insurance purchases, and lawyer risk agents[③]. Compared with the narrow one, the above three forms of funding originated earlier, and there are the following differences: Loan arbitration to financial institutions, even if the case is lost, the financial institution has the right to ask the parties to repay the loan. When purchasing insurance, the insurer does not provide continuous financial support during the arbitration but decides whether to fulfill the compensation obligation and fill the loss according to the final case result. In the presence of a lawyer's risk agent, although the parties do not pay the lawyer's legal service fees in advance, they still have to pay other arbitration fees; in addition, some jurisdictions prohibit risk agents, but under certain conditions, narrow third parties are allowed to fund arbitration, such as Singapore and Hong Kong[④].

Existing arbitration rules and practices have not been clearly demarcated for the position of the third-party funder. Although pursuant to *IBA Guidelines*, the funder can be considered as the party to the case as the funder directly interested in the final decision of the arbitration[⑤]. However, *IBA Guidelines* is intended to discover the potential conflict of interest of arbitrators; it is not applicable

① Sprout, Supra note 6.

② Jeremy Winter & Anjuli Patel, "Third-party Funding in international Arbitration", *Korean Arbitration Review 8*(2013).

③ Sprout, Supra note 7.

④ Arbitration and Mediation Legislation (Third Party Funding)(Amendment) Ordinance. art. 98E & 98O(2017).

⑤ Sprout, Supra note 12.

to all procedures of arbitration.① The existing arbitration rules do not give the arbitral tribunal power to decide the funder's ruling on adverse expenses. At the same time, arbitral tribunals' views are also vague. For example, in *Teinver & Autobuses v. Argentine*, the respondent had questioned the claimant's qualification as the party to arbitration and pointed out that the claimant's funder was a "vulture fund" ②, which should be considered as the actual beneficiary of the case. This view has not been supported by the arbitral tribunal, but the arbitral tribunal has not clarified the actual status of the funder.

Therefore, the details of disclosure requirements require a precise and accurate object and a clear position of third-party funding in arbitration.

d) The imbalance Paradox in the arbitral process

The imbalance paradox of third-party funding is that it may create more imbalances than what it eliminates. On the one hand, third-party funding provides the funded party with financial assistance to eliminate the imbalanced barging power between respondent and claimant. It follows its basic value orientation to pursue fairness. In investment arbitration, investor and state are the funded claimant and respondent in the case③. Thus, there seems not too much imbalance between parties with arbitration funding. However, for governments, frivolous and exaggerated claims brought by funded claimant also waste their judicial resources and energy④. The situation is quite different in international commercial arbitration where parties are both commercial corporations and companies⑤. For respondent who need to defeat these claims, they may not be able to recover the costs with the involvement of third-party funding.

---

① *Ibid.*

② *Teinver S.A.*, *Transportes de Cercanias S.A. and Autobuses Urbanos del Sur S.A. v. The Argentine Republic*, ICSID Case No. ARB/09/1, para.225 (2017).

③ Anne Hoffmann, "Counterclaims in Investment Arbitration", 28 ICSID Rev. (2013).

④ Maxi Scherer and Aren Goldsmith, "Third Party Funding in International Arbitration in Europe, Part 1: Funders' Perspectives'", RDAI/IBLJ Roundtable (2012).

⑤ Susana Khouri & Kate Hurford, "Third Party Funding in International Commercial and Treaty Arbitration- a Panacea or a Plague?", Transnatl. Dis. Mgt.5 (2011).

Furthermore, with the development of the industry of arbitration funding, third-party funders pour more energy into the high-monetary cases where party might not need the money to bring lawsuit①.Third-party funding is not only for "small or cash-strapped claimants." ② In these cases, claimant may not in an economically disadvantaged position at the beginning but just want to share risk with a third-party. With the support of third-party funding, it may have stronger economic strength in the process of arbitration with the respondent to face relatively long arbitral procedures and high cost.

Although respondent has the right to apply for security for cost, its request might not be approved by the tribunal unless it needs to prove the involvement of third-party funding has influence on the costs. Security for cost will be further elaborate in the following section. Therefore, considering this possible imbalance brought by arbitration funding, we need to impose the disclosure obligation on the funded party or funders to achieve a better balance.

III. Indispensability of Disclosure in Third-party funding: Two Exemplifications

1. Disclosure and Security for Cost

Without the Disclosure of third-party funding, tribunal cannot assess whether to order security for costs with the consideration of the involvement of third-party funding. As for why the tribunal should take third-party funding into account when awarding security for costs, one underlying reason is to address the imbalance between the funded claimant and respondent③. In some circumstances where the claimant is too poor to pay the arbitration expenses and then must use

① Edouard Bertrand, "The Brave New World of Arbitration: Third-Party Funding", 29 ASA Bulletin, Issue 3, (2011).

② FRESHFIELDS BRUCKHAUS DERINGERS, 'INTERNATIONAL ARBITRATION: 10 TRENDS IN 2016', at www.freshfields.com/globalassets/campaign-landing/international-arbitration/arbitrationinsights-2016.pdf(Last visited on August 15, 2019).

③ William Kirtley and Koralie Wietrzykowski, "Should an Arbitral Tribunal Order Security for Costs When an Impecunious Claimant Is Relying upon Third Party Funding?", *30 J Int'l Arb 17, 18, 21.* (2013).

the third party's financial assistance, the funded parties may bring frivolous claims before arbitration①. Furthermore, it is unfair for respondent if the funded claimant loses without liability to afford the costs of any award②. When there is a third-party funding, the respondent will have an "arbitral hit-and-run" concern to the funder because the funder is not the party to the arbitration agreement and is not bound by the arbitral award. It leaves the possibility that the respondent does not have the right to request the funder to execute the arbitral award when winning the case. According to *the ICC Report on Decisions on Costs in International Arbitration*, respondent may decide to seek guarantees for these costs at the early stages of arbitral proceedings, if there is evidence that the funding arrangement may affect the ability of non-funded party, usually the respondent in the arbitration, to recover costs③.

By ordering security for costs, the equality between claimant and respondent on cost recovery can be largely achieved. However, the tribunals are usually reluctant to award security for costs.④ Furthermore, the tribunals in the international investment arbitration and commercial arbitration would consider third-party funding to different extents. In the investment arbitration, the tribunals deem it common that claimant (as investor) has limited financial resources and was supported by external funding. Thus, respondent must further prove the abusive conduct or bad faith of claimant to justify security for costs. In the commercial arbitration, a widely recognized criteria is that there exists an unforeseeably fundamental change of circumstance which proves the necessity of ordering security for costs. Though in principle obtaining third-party funding does not necessarily indicate the fundamental change of the claimant's financial

---

① Judith Gill & Matthew Hodgson, "Costs Awards- Who Pays? ", *10 Global Arb. Rev.4* (2015).

② Otto Sandrock, "The Cautio Judicatum Solvi in Arbitration Proceedings or The Duty of an Alien Claimant to Provide Security for the Costs of the Defendant", *14 J. Int'l Arb., 34* (1997).

③ Commission report: Decision on Costs in International Arbitration, para 90, 2 ICC Dis. Res. Bull. 2015, 13.

④ ICC Award, ASA Bull.Vol. 15 (1997), p. 363.

situation, when disclosure of specific funding agreements becomes possible, the conclusion may differ.

Although the tribunals have power to order security for cost, they only do so in "exceptional circumstances." [①] Some commentators think that the existence of third-party funding is itself a special circumstance to the need for the arbitral tribunal to support the request of security for costs. For example, In *RSM Production Corporation v. Saint Lucia*, the first case to support the request of security for costs, the arbitrator of this case, Gavan Griffith, said in support of the point that the decisive factor for him was that the claimant was funded by a third party for arbitration. Specifically, the funder invests in the arbitration for profit, but it is very likely that it will not bear any responsibility for the failure of the funded party, that is, "Heads I win, and Tail I do not lose" . [②] At the same time, he believes that when there is a third-party funding, the burden of proof should be reversed. If the funded party cannot provide evidences to the contrary that it is capable of undertaking the final unfavorable cost ruling, the arbitral tribunal should make a decision against it, i.e. awarding security for cost.

The advantage of the above opinion is to guide the funded party to disclose the funding arrangement of the funder, including whether the funder will be responsible for the final fee award. The practical significance of this approach is that, based on the confidentiality of the funding agreement, the respondent requesting the security for costs has no channel to know the funding information without disclosure. However, the obvious shortcoming is that the inversion of the burden of proof does not meet the rules of evidence in arbitration. At the same time, because the third-party funding exists, the method of judging the support of the fee guarantee request is too mechanical, which will not only hinder the exercise of the discretion of the

---

① Jean Ho, Getting the Shoe to Fit—Obtaining Security for Costs under the Rules of Arbitration of the International Chamber of Commerce, 9 Vindobona Journal of International Commercial Law & Arbitration 335 (2005).

② *RSM Production Corporation v. Saint Lucia*, ICSID Case No. ARB/12/10, Tribunal's Decision on Respondent's Application for Security for Costs dated 14 Oct. 2010, Assenting Reasons of Gavan Griffith paras. 11–18.

arbitral tribunal. It will cause the respondent in the arbitration to make a request for a fee guarantee without judgment when it is informed that the opposite party is funded by a third party, so as to hinder or delay the continue of arbitration proceeding into merits issues. Based on the mechanical nature of the method, in the subsequent *South American Silver Limited v. Bolivia*①, the arbitral tribunal reviewed the views of Gavan Griffith but decided not to adopt it.

Each business person wants to minimize the potential exposure and then maximize the return of investment. Thus, providing security for cost is not easy for third-party funders to accept. Considering the original input in the investment, funders may choose to continue this "project" and pour more money into it. For this reason, it is more difficult for funders to voluntarily disclose in the arbitration under the risk of providing security.

Therefore, disclosure is the first significant step to discover the occurrence of third-party funding②. For example, in *Muhammet Çap & Sehil Inşaat Endustri ve Ticaret Ltd Sti v Turkmenistan*, the respondent asked the claimant to disclose whether it was funded by a third party and to state that they would consider the request for secrtity for cost if third-party funding exists③.

2. Disclosure and Arbitrators' Conflicts of Interest

"Arbitration is only as good as its arbitrators④." Only if the arbitrator is independent and impartial, can the arbitral award be guaranteed to be fair. However, the involvement of third-party funding in international arbitration may affect the independence and impartiality of arbitrators, and thus affect the fairness of arbitral awards⑤. Under the current situation of third-party funding

① *South American Silver Limited v. The Plurinational State of Bolivia*, PCA Case No.2013-15, Procedure Order No.10, para. 77 (2016).

② Maxi Scherer, "Third party funding in Arbitration: Out in the Open?", *Com Dispute Res News* (2012).

③ *Muhammet Çap & Sehil Inşaat Endustri ve Ticaret Ltd Sti v Turkmenistan*, ICSID No. ARB/12/6, Procedure Order No.3, para. 2 (2015).

④ Sprout, Supra note 5.

⑤ Florescu, C. "Arbitral Tribunal Power to Disqualify Unethical Counsel", *Journal of Economic Development, Environment and People, 4 (4), 15-30.* (2015).

to gradually enter the arbitration field, we cannot ignore the potential conflicts of interest of arbitrators that may be brought by third-party funding or require third-party funding to quit from the arbitration proceeding because of potential conflicts of interest[①]. Therefore, it is particularly important to integrate the third-party funding participation in the logical chain of arbitrators' conflicts of interest to balance the fairness of commercial arbitration and to develop third-party funding[②].

Disclosure can also help prevent arbitrators' conflicts of interest from occurring in the later stages of the process, thereby avoiding the challenge of adjudication and the legitimacy of arbitration[③]. In the following, we will analyze the logical chain of third-party funders' involvement in conflicts of interest situations to have a clear view on how to treat third-party funding in this situation and how disclosure works.

1) Third-party funding leads to multilateralization of the interest structure

The involvement of third-party funding extends the interests of both parties to a compound multilateral interest, and this change in the interest structure of involved parties is the root cause of the potential conflict of interest of the arbitrator. In the traditional arbitration relationship, only the claimant, the respondent and the arbitral tribunal participate in the arbitration, and the arbitral tribunal is neutral in the tripartite relationship as the referee needs to maintain independence and impartiality[④]. Therefore, in the interest structure of the traditional arbitration relationship, only the claimant and the respondent involve in the arbitration. With the involvement of third-party funding, the traditional arbitration relationship began to be complicated. Some people think that third-party funders, as irrelevant party to the arbitration, are not in the same position as where the claimant and the respondent stand in the arbitration, and therefore will

① Rogers, Catherine A. Ethics in International Arbitration. Oxford University Press, 2014, pg 183.

② Ibid.

③ Sahani, Victoria, "Reshaping Third-Party Funding", *Tulane Law Review*, Vol. 91, 405 (2017).

④ Sprout, Supra note 6.

not affect the arbitration process. However, to a certain extent, the fundamental interests of investors and the funded party are the same. So the participation of third-party funding will inevitably bring new changes to the original two-party interest game.

On the one hand, third-party funding agencies relieve the pressure of funds shortage for one party and pass on the cost and risk of arbitration; on the other hand, the essence of third-party funding is a kind of venture capital. In practice, investors may intervene in the arbitration process in order to reduce investment risks. This affects the fairness of arbitration. For example, some third-party funding agencies not only fund the party but also use its financial advantages to intervene in the choice of lawyers and arbitrators and even the choice of arbitration strategy①. Through this kind of substantial over-control behavior, they interfere with arbitration to obtain more interests.

Therefore, when a third-party funding agency joins the arbitration process, we must consider its behavior patterns in arbitration, and then determine the impact of changes in the interest structure caused by third-party funding. The most obvious result of this change in interest structure is that arbitrators may have a certain interest relationship with third-party funding agencies, thus affecting the impartiality and independence of arbitrators②. Therefore, it is necessary to analyze and regulate potential conflicts of interest.

2) Reconstruction of Interest Structure Causes New Conflicts of Interest

In international commercial arbitration, the existence of a conflict of interest by an arbitrator is one of the main reasons for proposing an arbitrator's objection③. The traditional arbitrators' conflict of interest situation is mostly that

---

① Ibid.

② Jennifer A Trusz, "Full Disclosure? Conflicts of Interest Arising from Third-Party Funding in International Commercial Arbitration", *101 Geo LJ 1649, 1675* (2013).

③ Vladimir Pavic, Annulment of Arbitral Awards in International Commercial Arbitration, in INVESTMENT AND COMMERCIAL ARBITRATION—SIMILARITIES AND DIVERGENCES 131, 133-34 (Christina Knahr et al. eds., 2010). But see id. at 141 ("It is questionable whether this ground [of irregular constitution of the tribunal] can be used to annul a decision based on alleged bias of the arbitrator.").

the arbitrator is the party involved in the case, the arbitrator has close relatives or other interests in the case or the attorney, for example, the arbitrator is the legal counsel of a party. With the participation of third-party funding, the potential conflict of interest extends from the conflict of interest between arbitrator and the attorney or the party to the multiparty conflict of interest of the third-party funder, especially when the third-party funding is not disclosed. When the third-party funder and the arbitrator become the interest community, whether it is a party or its attorney as the connection point, the potential conflict of interest is enough to affect the arbitrator's impartiality.

a) Arbitrators as Beneficiaries of A Third-Party Funding Agency

Since commercial arbitration is still a relatively niche area, arbitrators may have multiple identities. An arbitrator may be a university professor and a lawyer at the same time, and while third-party funding is gradually involved in arbitration, some arbitrators may be shareholders of third-party funding companies or serve in third-party funding agencies[①]. If the arbitrator rules the case with the participation of the third-party funding agency, then the arbitrator may be more supportive of the party funded by the third-party funding agency to win the case to protect the benefits of third-party funding, this conflict of interest will be difficult to avoid.

In one case, the arbitrator itself is not involved in the interests of third-party funding agencies, but his or her law firm has business dealings with third-party funding agencies, and it is still controversial whether there will be conflicts of interest. For example, the arbitrator arbitrate one case which one of the parties was funded by the thrid party funder. In another arbitration case, the same third funder involved, while another partner of one of the arbitrators' law firms present the funded party. The arbitrator does not participate in this case but still has remote connection with the funder.[②]. A potential conflict of interest was

---

① ICCA-Queen Mary Task Force on Third Party Funding Sub Group on Investment Arbitration, Draft Report for discussion summer 2015, p. 15.

② American Bar Association, Model Rules of Professional Conduct, Rule 1.9 (a).

identified, but this view was not accepted unanimously.

b) Repeat Appointment of Arbitrators

The general view is that a potential conflict of interest can result if the arbitrator is repeatedly appointed by the same third-party funder. However, if the process of third-party funders participating in the appointment of arbitrators is considered as a conflict of interest, there will be theoretical and practical paradoxes. On the one hand, in practice, it is not uncommon for third-party funders to provide arbitrator candidates directly to improve the return on investment. At the same time, under international commercial arbitration, one party often chooses a third-party arbitration institution for capital turnover due to the issue of arbitration funds①. Usually, the parties will discuss with the third-party funders before deciding whether to enter the arbitration process. Tripartite funding agencies usually provide some familiar law firms to the arbitration parties to represent them, and the attorneys will provide advice to the parties on the arbitrator candidates. Under normal circumstances, the arbitrators nominated by the attorneys are mostly arbitrators with corresponding contacts. The third-party funding agencies will gradually pay attention to the relevant arbitrators through the understanding of the arbitration case, thus making contact. Over time, arbitrators may also have a closer relationship with third-party funding agencies through attorneys, so repeated appointments are also more likely to occur in reality.

3) Arbitrators' conflicts of interest affect fairness and independence of arbitration

The high degree of autonomy also makes the arbitral tribunal highly discretionary. Therefore, as an important referee in arbitration, the independence and impartiality of the arbitrator is the primary prerequisite for guaranteeing the fairness of arbitration.

The impartiality and independence of the arbitrator means that the arbitrator

① Jean-Christophe Honlet, "Recent Decisions on TPF in Investment Arbitration", *30 ICSID Rev. 699* (2015).

involved in the arbitration case should not have any interest relationship with the relevant person of the case, which may affect its fair judgment. If the arbitrator has a conflict of interest, etc., which may cause a party to have reasonable doubts about its impartiality and independence, the arbitrator may be challenged; if the objection is successful, the arbitrator shall be replaced. And regardless of the success of the objection, opening the arbitrator's objection procedure will slow down the arbitration process and reduce the efficiency of arbitration. In more cases, if there is a potential conflict of interest between the arbitrator and a third-party funding agency, the arbitral award may not be recognized and enforced.

Traditionally, in order to avoid malicious objections to the arbitrator, the arbitrator's objection will only occur if the arbitrator has a specific conflict of interest with the party or its agent. Thus, third-party funder, as a third agency which may cause potential conflicts of interest, is not fully regulated in the rules of the arbitral institution.

Therefore, disclosure should always be the first step to address the above problem.

IV. Disclosure: A "Cards on the Table" Approach

Disclosure, as the 'cards on the table' approach, provides parties and the tribunal with upfront and transparent platform to guarantee the fairness and streamlines of the arbitral proceedings. Although Hong Kong and Singapore both seek to adopt a "Light Touch" approach to third party funding to make business benefit from the liberalism, they hold different requirements on disclosure, specifically whose obligation and when to disclose arbitration funding[①].

1. The Subject of Disclosure Obligation

Disclosing third-party funding is indeed one critical legal institution to discover the potential conflicts of interest in advance. Different jurisdictions

① SINGAPORE MINISTRY OF LAW, PUBLIC CONSULTATION TO SEEK FEEDBACK ON THE THIRD-PARTY FUNDING FRAMEWORK, at https://www.mlaw.gov.sg/content/minlaw/en/news/public-Consultations/public-consultation-third-party-funding.html (last reviwed on May 27, 2020).

hold different disclosure requirements. For example, in Hong Kong, legislators impose the disclosure obligation on the funded party. However, Singapore imposes this obligation to disclose the existing third-party funding on counsel. This would give rise to some problems. It can create an unfair competitive environment because unregistered foreign legal counsel who work for Singapore's parties representing Singapore's arbitration does not appear to be subject to Singapore's disclosure requirements. Furthermore, a Singapore-registered attorney participating in a multi-jurisdictional team of lawyers may itself trigger a Singapore disclosure obligation. It may waive the confidentiality requirements of law firm. In comparison, Hong Kong's regulation to impose disclosure obligation on the funded parties has only one disadvantage is that funders may consider whether to fund arbitration cases conducted in Hong Kong.

Although litigation funding is still illegal in Singapore, third-party funding in arbitration has been legalized. In 2017, Singapore abolished the tort of champerty and maintenance by amending the Civil Law Act①. However, the relevant disclosure rules are put in its Legal Profession Rules. The reason behind this might be ensure that Singaporean lawyers themselves do not hold any shares or other proprietary rights of third-party funding related cases so that they are willing to disclose the funding information in the arbitration. But this would raise one question: would the disclosure obligation will waive privilege rules or confidentiality?

In international commercial arbitration under the participation of third-party funding, the question of whether third-party funding is protected by legal privilege is quite dramatic. Under the protection of legal privilege, third-party funding should not be disclosed to the other party: First, under the Anglo-American legal system, the third-party funders and the parties belong to the common interest, thus the information provided to the third-party funder with the privilege in the common interest is still protected by the legal privilege; second, under the limited waiver theory, documents seen by third-party funders

① Singapore Civil Law Act (Cap. 43), sections 5A-5B (as amended 1 March 2017).

as a specific small group are subject to limited waiver. The parties still retain the exclusive right to other parties, and the third-party funders thermostatically sign a confidentiality agreement with the parties, and their communication contents and documents still have not lost the right to claim legal privileges. However, the author believes that disclosure should depend on the specific circumstances of the case. It is not that all the contents of the funding agreement are excluded from the scope of disclosure. It is extremely necessary to properly confront the legal privilege.

The existing disclosure system does not guarantee that the problems caused by third-party funding are perfectly solved, and the timely disclosure may not be able to be resolved. For example, an agent of a party or a third-party funding agency may enter into an agreement with the arbitrator privately or know in advance the arbitrator's position on the relative legal issue or negotiate with the arbitral institution to appoint a specific sole arbitrator. Under these circumstances, even if the relevant parties do not fulfill their disclosure obligations, it is generally difficult to find them. It is not advisable to prohibit third-party funding because of potential conflicts of interest that may be caused by third-party funding participation. However, given the adverse effects of third-party funding arbitration, it is more necessary to develop specific third-party funding guidelines.

2.The Object of Disclosure

In the object of disclosure in international commercial arbitration, the general opinion that it is enough to disclose the name and address of the third-party funding agency, without requiring disclosure of the funding agreement, unless third-party funding itself involves the relevant terms. However, the confidential funding agreement may have the essential connection with the case.

IBA Guidelines provide that any party which direct economic benefits or liability for an award has to be made is covered by the subjects of disclosure requirements. In comparison, the *Guidelines for Third-Party Funding*

Arbitration[①] is relatively simple, but the disclosure scope stipulates: "The disclosure scope may include the fact that the funded party is funded, the name or name of the employer. And the address, as well as other information required by other relevant laws or rules, or as deemed necessary by the arbitral tribunal" . There is no explanation for other materials deemed necessary by the arbitral tribunal. The risk caused by non-disclosure is far greater than the disagreement of the parties that may arise after the disclosure, we should expand the disclosure obligation, and the relevant law can be selectively explained according to the specific circumstances.

V. Conclusion

This article emphasizes the importance of disclosure requirements on third-party funding through a brief overview of the development of third-party funding in international arbitration, this article precisely introduces the discussion on the legality of third-party funding and the adverse impact brought by third-party funding. To address these problems, the article anaylse the function of disclosure by specifically illustrate two main problem, i.e. first, conflicts of interest between third-party funder and arbitrators; Second, Security for costs. Besides, this article analyses different regulations on disclosure of third-party funding to find a better design for disclosure system.

Generally, most jurisdictions, such as England, Hong Kong and Singapore, have chosen a light-touch regulation approach on disclosure to avoid the risk of over-regulation. Simple and minimal disclosure requirement can make these places being more attractive for parties in the choice of seat of arbitration. However, it should be carefully considered considering the possible conflicts of interest and security for cost arrangement brought by third-party funding.

Considering it is almost impossible to solve all the problems with a set of rules because there is no "one size fits all" approach, a comprehensive and

---

① *Guidelines for Third-Party Funding Arbitration*, China International Economic and Trade Arbitration Co, mission Hong Kong Arbitration Centre, May 20, 2016.

appropriate regulatory framework for the formulation of third-party funding should be further carefully discussed and established. Some concerns from the determination of the notion of third-party funding to the elements of control and influence of funder can be included in this framework and provide better regulation on third-party funding. Considering guerrilla tacticians will exploit any regulatory opportunity, we should be cautious before we develop more detailed soft laws.

仲裁机构所在地法作为仲裁协议准据法的研究

吴俞阳 *

● **摘　要**

在缺乏当事人合意时对涉外仲裁协议适用仲裁机构所在地法，是我国立法的独特创举。从司法实践来看，机构所在地适用频次极高、是重要的连接点，但也面临与仲裁地性质类似、是后者“替代品”的质疑；在扭转了法院地法适用倾向的同时，机构所在地也成为对仲裁协议适用中国法的新工具。我国立法下仲裁机构的独特地位导致了机构所在地特殊的裁判地位以及中国法色彩。但深入反思机构所在地法的合理性，不难发现这一连接点的引入建立在我国对仲裁机构法律意义的放大、对仲裁协议独立性意涵的拓展基础之上，其合理性有待商榷。在我国仲裁对外开放的趋势下，机构所在地法的未来面临着困境。

● **关键词**

仲裁协议　仲裁机构所在地法　仲裁协议独立性

Abstract: It is a unique legislative innovation in China to apply the law of the place where the arbitral institution is located to the international arbitral agreements when parties' agreement is

* 吴俞阳，北京大学法学院2018级法学硕士，国际经济法方向。

absent. From the perspective of judicial practice, the place where the arbitral institution is located is an important connecting factor which has been applied frequently, but it has also been challenged as a 'substitute' of the seat of arbitration in that they bear resemblance in nature. While reversing the preference of applying the law of the forum, this connecting factor has also become a new tool for applying Chinese law to the arbitral agreements. The unique status of arbitral institutions in Chinese legislation has allowed them to have a special adjudicative power as well as showing a Chinese law dimension. However, by further reflecting upon the rationale of the law of the place where the arbitral institution is located, it is not hard to realise that the introduction of this connecting factor is based on the amplification of the legal significance of the arbitral institutions in arbitration as well as the expansion of the extent of the doctrine of independence of the arbitral agreements. Its reasonableness is actually open to question. In light of the trends towards further opening up of arbitration in China, the future of this connecting factor is in doubt.

Key Words: arbitral agreements, the law of the place where the arbitral institution is located, the independence of the arbitral agreement

仲裁协议的准据法不同于调整实体争议的法律或调整仲裁庭组成及仲裁程序开展的法律，是国际商事仲裁协议中一个看似不起眼、实则至关重要的方面。有效的仲裁协议是仲裁庭对争议产生管辖权的前提，仲裁协议的有效性判断则需基于其准据法的规定作出。仲裁协议的准据法不同，对于仲裁协议的成立、效力、范围等问题的认定就可能不同。

我国对于仲裁协议准据法的冲突规则主要经历了三个立法阶段。早期，如果当事人并未就仲裁协议准据法达成合意，法院一般对仲裁协议直接适用我国法，对于仲裁协议之中是否约定了仲裁地以及仲裁地法做出了何种规定在所不问。2006 年，《最高人民法院关于适用〈中华人民共和国仲裁法〉若干问题的解释》（法释〔2006〕7 号）（以下简称《仲裁法司法解释》）出台，第 16 条首次明确认可当事人约定的准据法在仲裁协议效力审查中的优先地位，同时规定当事人未约定准据法、但约定了仲裁地的，则对仲裁协议适用仲裁地法律；如前述法律均无法确定的，则对仲裁协议适用法院地法律。2010年后，《涉外民事关系法律适用法》（以下简称《法律适用法》）第18条、《最高人民法院关于适用〈涉外民事关系法律适用法〉若干问题解释（一）》（以下简称《法律适用法司法解释》）第14条与《最高人民法院关于审理仲裁司法审查案件若干问题的规定》（以下简称《仲裁司法审查规定》）第14条共同确立了现行的冲突规范：当事人可以协议选择仲裁协议准据法；当事人没有选择的，适用仲裁机构所在地法律或者仲裁地法律。适用仲裁机构所在地的法律与适用仲裁地的法律将对仲裁协议的效力作出不同认定的，确认仲裁协议有效的法律将被优先适用。在仲裁机构所在地法、仲裁地法均不可用或约定不明时，法院可以运用中国法判断仲裁协议的效力。

对仲裁协议适用仲裁机构所在地法是我国的创举。本文梳理自2000年以来法院审理的涉及仲裁协议准据法问题的155个案例，[①] 对其中的得失作出研究。本文主要分为四个部分：第一、第二部分分别观察机构所在地与仲裁地、法院地的关系，研究机构所在地的裁判地位并分析其成因。基于第一、第二部分的结论，第三部分对机构所在地法的合理性进行反思，主要讨论了仲裁机构对于仲裁协议的法律意义以及仲裁协议的独立性问题。第四部分讨论对外开放趋势下，机构所在地的发展前景。最后是一个简短的结论。

一、机构所在地与仲裁地

（一）互补还是替代?

引入仲裁机构所在地，意味着冲突规范从单个连接点的模式转向了复数连接点模式。单个连接点模式的冲突规范以一个固定的连接点确定准据法，仅关注法律关系的一个特定方面。[②] 例如，对仲裁协议适用主合同法强调仲裁协议的合意性。国际商事仲裁的不同方面与不同国家发生着联系，仅仅关注

---

① 统计范围为引用《仲裁法司法解释》第16条、《法律适用法》第18条、《仲裁司法审查规定》第14条或《仲裁司法审判规定》第14条的裁判文书，以及正文中包含“仲裁协议”一词的最高院复函。统计标准为法院是否依据中国法确定仲裁协议准据法，并就此进行了说理。海事仲裁中的仲裁条款并入问题具有特殊性，本文不做讨论。

② Gary B. Born, International Commercial Arbitration, Netherlands: Kluwer Law International, 2014, pp.517–521.

一个方面，会导致其他国家的法律制度没有得到充分的考虑。复数连接点模式可以从多个维度指定多个备选连接点，再由裁判者从中选择，因而更能适应具体个案中的特殊缔约过程与交易安排，可以充分反映一项法律关系与各个法域产生的联系，是冲突规范灵活化趋势的方法之一。[①] 由此观之，冲突规范如采取复数连接点立法模式，应当选择性质迥异、起到互补作用的连接点以实现灵活性优势。就仲裁协议而言，连接点应当充分反映仲裁协议合意性、程序性兼具的特点。[②]

然而我国选择引入机构所在地法与这一目的背道而驰。仲裁机构是组织、管理仲裁程序的组织，并不承担审判职能，因此相较于实体合同，机构所在地与仲裁程序联系显然更为密切。[③] 仲裁地法是规范仲裁程序的法律，其中强制性规定对仲裁庭具有约束力，仲裁地亦具有程序上的重要法律意义。仲裁机构所在地与仲裁地均立足于仲裁程序，着眼于仲裁协议的程序性特征，二者的关系与其说是互补，毋宁视为替代更为贴切。在立法之初即有观点认为，当事人选定的仲裁地通常与仲裁机构所在地是重合的，由当事人选择了某一仲裁机构可以推测当事人希望选择机构所在地为仲裁地，因此二者是可以相提并论的。[④] 分析司法实践亦可发现，我国在引入机构连接点时正是抱着替代而非互补的立法目的，机构所在地与仲裁地的相似性是机构所在地作为连接点的优势所在。

总体来看，机构所在地与仲裁地的组合似乎效果不错。2011 年《法律适用法》实施至今，法院共审判了 111 个涉及涉外仲裁协议准据法问题的案例，

---

① 韩德培主编：《国际私法》（第三版），高等教育出版社与北京大学出版社 2014 年版，第 96 页。

② 关于仲裁协议的双重性质，参见 Klaus Peter Berger, "Reexamining the Arbitration Agreement: Applicable Law Consensus or Confusion?", in Albert Jan Van den Berg (ed), International Arbitration 2006: Back to Basics? ICCA Congress Series, Vol. 13, Netherlands: Kluwer Law International, 2007, pp. 301–334。陈卫佐：《国际性仲裁协议的准据法确定——以仲裁协议的有效性为中心》，载《比较法研究》2016 年第 2 期，第 156–170 页。

③ 韩德培主编：《国际私法》(第三版)，高等教育出版社与北京大学出版社 2014 年版，第 557–559、572–573 页。Nigel Blackaby, Constantine Partasides et al, Redfern and Hunter on International Arbitration, Oxford: Oxford University Press, 2015, ¶3.42–53.

④ 于喜富：《仲裁协议的法律适用问题——涉外民事法律关系适用法第十八条的理解与适用》，载《人民司法》2011 年第 21 期。

其中仲裁地与仲裁机构所在地分别占据36%、36.9%的适用比例。机构所在地的适用频次与仲裁地不相上下，都是最重要的连接点，二者合计在近四分之三的案例中得到适用。

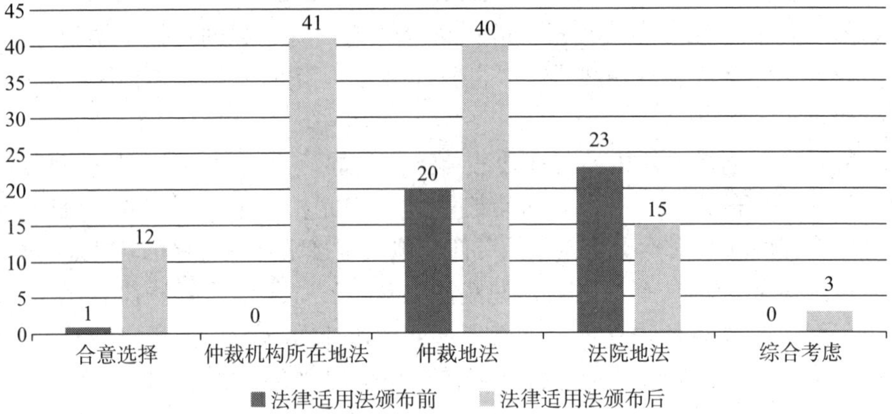

由于性质类似，机构所在地与仲裁地时常在案例中同时成为可用的连接点。统计范围内，当事人同时约定了仲裁机构与仲裁地的案例多达23起，占比达20%。值得注意的是，在所有重合的案例中，仲裁机构所在地与仲裁地从未产生冲突，二者均指向相同的准据法。《法律适用法》在加入新的连接点时，并未就多个连接点产生冲突时如何选择提供明确标准，且在一年后出台的《法律适用法司法解释》中也并未加入相关规则，直至七年后的《仲裁审判规定》中才弥补这一疏漏。这或许说明，立法者并不在意仲裁机构所在地法和仲裁地法这两个选项之间的冲突，或者，他们并不认为这二者会存在冲突。而姗姗来迟的《仲裁审判规定》第14条提供的选择条款自实施以来难觅于司法实践，至今仅在8篇裁判文书、4个案例中得到引用，且无一涉及仲裁机构所在地与仲裁地指向不同准据法、需由法院从中选择的情况；大多数情况下，这一条款仅仅作为冲突规则的一部分，被法院出于完整性考量概括援引。[①] 例如，在（2018）沪02民特442号案例中，法院依据《法律适用法》第18条及《仲裁司法审查规定》第14条的规定，认定仲裁协议效力的确定应适用

① 参见（2018）沪02民特442号、（2018）沪02民特395号、（2018）粤0606民初9386号以及（2017）京04民特23-27号裁判文书。

仲裁机构所在地的法律。案涉仲裁条款规定“当事人均可向上海国际经济贸易仲裁委员会（上海国际仲裁中心）按该会届时有效的仲裁规则提起仲裁处理”，仅指定仲裁机构而未约定仲裁地，并无两个连接点指向不同法律产生冲突的可能，有利于仲裁协议有效性标准事实上并无用武之地。在仲裁机构所在地法与仲裁地法均可用时，法院在二者中无明显偏好：法院对仲裁协议适用仲裁机构所在地法而仲裁地法同时可用的案例为8起，法院对仲裁协议适用仲裁地法而仲裁机构所在地法同时可用的为7起。①

由此可以发现，复数连接点立法模式及其带来的灵活性优势可能从来都不是引入仲裁机构所在地的主要目的。虽然无从确知立法时的意图，但从结果上来看，这一连接点更多地成为仲裁地连接点的“替代品”，很好地填补了仲裁协议中缺乏仲裁地约定带来的准据法漏洞。

（二）我国法下“不可或缺”的仲裁机构

若仲裁机构所在地与仲裁地确实可以相互替代，单独引入机构所在地法并无必要。维持仲裁地为单个连接点的规定，由法院通过说理从仲裁机构的选任或仲裁规则的选择中推出仲裁地，也是完全合理的安排。例如，在广州2014年审理的案件中，当事人仲裁协议约定“双方同意由中山市仲裁委员会仲裁”，未约定仲裁协议准据法或仲裁地。仲裁协议订立于2008年，《法律适用法》无法适用，法院依据当事人选择的仲裁机构认为当事人“约定有仲裁地，仲裁地为本院所在地广东省中山市”，并对仲裁协议适用了仲裁地法。②在2009年山东省高院审理的案件中，当事人约定将争议提交LCIA进行仲裁，同时约定“将仲裁规则视为合同条款之一部分”。LCIA规则规定，当事人未约定仲裁地的，仲裁地应当为伦敦。法院直接以此为依据对仲裁协议适用了仲裁地法（英国法）。③虽然该案存在当事人“将仲裁规则视为合同条款一部分”的特别约定，但即便无此特别约定，法院将仲裁规则条款视为当事人通过概

① 另有3起案例中，法院援引多个连接点，综合考虑选择准据法；5起案例中，法院对仲裁协议适用仲裁地法，仲裁协议中同时存在选择仲裁机构的约定，但由于仲裁协议签署于《法律适用法》实施之前，不属于可用连接点。在所有案例中，机构所在地与仲裁地均指向相同的准据法。

② 中山市宝佳鞋材有限公司、澳门佳盛装饰工程申请确认仲裁协议效力民事裁定书（(2014）中中法民四仲字第6号）。

③ 林一飞主编：《最新商事仲裁与司法实务专题案例（第10卷）》，对外经济贸易大学出版社2013年版，第132页。

括合意达成的约定的一部分加以参考，亦并无不妥。这一思路在现行立法中有迹可循：在判断当事人是否约定仲裁机构时，《仲裁法司法解释》第4条规定，仲裁协议仅约定仲裁规则时，如按照约定的仲裁规则能够确定仲裁机构的，即视为约定了仲裁机构。

主要仲裁机构提供的仲裁规则中都有指定仲裁地的条款，且大多以仲裁机构总部所在地为仲裁地，[①] 因而对于当事人选择了仲裁机构或约定了仲裁规则的情况，法院可以轻易通过仲裁机构与仲裁规则的约定推出当事人关于仲裁地的合意。并且，司法实践表明机构所在地与仲裁地基本不存在结果上的差异，剔除机构所在地也不会对冲突规范产生实质影响。

但事实却是，机构所在地被引入立法，并取得了重要的裁判地位。这是由我国的立法特色决定的。在我国法下，仲裁机构是贯穿仲裁程序始终不可或缺的重要因素：有效的仲裁协议以存在当事人选定的仲裁委员会为前提；就仲裁协议效力存在争议时，当事人应当请求“仲裁委员会”而非“仲裁庭”作出判断。在中国进行仲裁曾长期是中国仲裁委员会的专属权力，域外仲裁机构无权在中国开展裁判工作。

对仲裁机构的如此强调使得早期按照域外经验拟定的仲裁协议难以得到法院的认可。统计范围内，[②]《法律适用法》出台前审理的44起案件中，31起仲裁协议被认定为无效，其中26起因当事人未选择仲裁机构导致。《法律适用法》出台后法院审理的111个案件中，仅有21起案件否定了仲裁协议效力，13起涉及未择定仲裁机构问题，这一现象显著好转。原因在于，仲裁机构与当事人都顺应立法，对仲裁协议的措辞做出了调整。以中国国际经济贸易仲裁委员会为代表的国内仲裁机构提供的示范仲裁条款大都采取“任何争议均应提交某某机构”的表述，[③] 强调当事人择定仲裁机构的安排。形成对照的是，是否约定仲裁地并不影响仲裁协议的效力，因而无论是机构还是当事人都未为此作出调整。中国国际经济贸易仲裁委员会提供的示范条款未提

① 参见《香港国际仲裁中心仲裁规则》第15条、《迪拜国际仲裁中心仲裁规则》第20.1条、《中国国际经济贸易仲裁委员仲裁规则》第7条第2款等。

② 本段分析在本案统计的涉及仲裁协议准据法问题的案件范围内作出。不涉及仲裁协议准据法问题，但仲裁协议被认定为无效的案件，不属于本文的讨论范围。

③ 中国国际经济贸易仲裁委员会，仲裁示范条款，http://www.cietac.org/index.php?m=Article&a=index&id=138，最后访问时间：2020年6月10日。

及仲裁地安排，甚至没有“仲裁应当在何地进行”的暗示性内容，上海国际仲裁中心、[①]深圳国际仲裁院[②]等其他仲裁机构提供的示范条款亦是如此。唯一的例外是北京仲裁委员会/北京国际仲裁中心，虽然首选示范文本亦未包含仲裁地相关内容，但其针对国际商事仲裁提供的示范仲裁条款中增加了“仲裁地在北京”的规定。[③]相应地，当事人在仲裁协议中约定仲裁地的概率一直未显著提升，甚至随着案件总数的增长而有所下降。在《法律适用法》出台前，当事人约定仲裁地的比例约为45%，此后仲裁地的比例下降至不足40%。

由此，在仲裁协议中寻找当事人关于仲裁机构的约定甚至比寻找仲裁地更为简单。受益于其便利性，机构所在地连接点在与仲裁地连接点性质类似的情况下，依然取得重要的裁判地位。

二、机构所在地与法院地

（一）适用中国法的新工具

在《仲裁法司法解释》适用时期，缺乏当事人合意时，对仲裁协议应当顺次适用仲裁地法或法院地法。这一时期，在国内诉讼中适用外国法并不常见，法院明显具有对仲裁协议适用中国法的倾向：在总计44个相关案件中，对仲裁协议适用中国法的共有34例，占比达到77.3%；其中，对仲裁协议适用法院地法的情况有23例，占据了半壁江山。此种偏好也体现于法院对当事人是否存在仲裁地合意的判断之中：在当事人约定对合同“以英文版本提交日本任何一家仲裁机构进行仲裁”时，法院认为，提交日本仲裁机构进行的仲裁未必以日本为仲裁地，因此当事人并未就仲裁地达成合意，应当对仲裁协议适

① 上海国际仲裁中心，仲裁示范条款，http://www.shiac.org/SHIAC/arbitrate_items.aspx，最后访问时间：2020年6月10日。

② 深圳国际仲裁院，通用仲裁条款，http://www.sccietac.org/index.php/Home/index/zcjs/id/793.html，最后访问时间：2020年6月10日。需要说明的是，深圳国际仲裁院在示范条款下说明“当事人亦可以根据仲裁规则和相关法律的规定，在仲裁条款中就……仲裁地点……等事项进行约定”，并在“选择性复裁程序”仲裁条款中明确规定了仲裁地的内容。

③ 北京仲裁委员会，示范条款，https://www.bjac.org.cn/page/zc/zctk.html，最后访问时间：2020年6月10日。

用法院地法。[1] 而在当事人约定"根据仲裁规则，争议事项将被提交至中国国内仲裁机构进行仲裁"时，即便当事人同样未约定具体的仲裁机构，法院却认为此时势必以中国为仲裁地，对仲裁协议适用仲裁地法即可。[2]

对涉外仲裁协议适用内国法的倾向具有历史和现实必然性，也有一定的正当性，但这一倾向违反平等互利原则、助长当事人挑选法院的现象，长远来看不利于国际民商事交流的正常发展。[3]《法律适用法》引入了仲裁机构所在地这一新的连接点，法院地法顺位后移而适用受限。机构所在地与仲裁地组成的双重屏障成效显著，在《法律适用法》实施后，法院地法的适用率下降至 13.5%，相较此前大幅减少，不及仲裁机构所在地以及仲裁地连接点适用率的一半。轻率适用法院地法的做法得到了有效控制，法院地成为真正意义上的兜底条款。

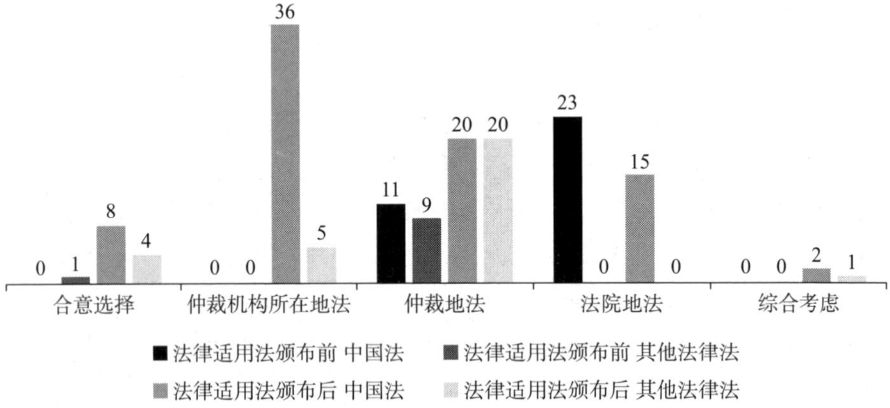

然而，对仲裁协议适用内国法的倾向并未远去。《法律适用法》实施前后，裁判者对仲裁协议适用中国法的案例比例分别为 77.3% 与 73%，并未产生根本变化。进一步分析发现，在前一阶段，中国法在 52.2% 的案例中作为法院地法被援引，在 25% 的案例中作为仲裁地法得到援引；在后一阶段，中国法

① 参见《最高人民法院关于山东名流实业集团有限公司与韩弼淳（PIL SOON HAN）技术合作开发合同纠纷一案中仲裁条款效力问题的请示的复函》（〔2009〕民四他字第 47 号）。

② 参见《最高人民法院关于罗马尼亚 SC SCORZA SRL 公司与山东天行铁路工程发展有限公司买卖合同纠纷一案中仲裁条款效力及案件受理问题的请示的复函》（〔2009〕民四他字第 41 号）。

③ 何其生：《多元视野下的中国国际私法》，高等教育出版社 2018 年版，第 214–218 页。

作为法院地法的适用比例骤降至13.5%，作为仲裁地法的比例下降至18%，作为机构所在地法的比例则飙升至32.4%，填补了空缺。机构所在地取代法院地，成为对仲裁协议适用中国法的新通道。

（二）中国色彩的连接点

相较于仲裁地连接点，机构所在地具有更强烈的中国法色彩：适用仲裁机构所在地法的案例之中，机构所在地为中国的案例达到了87.8%；适用仲裁地法的案例之中，指向中国法的比例仅占50%。这是由多方面原因导致的。

目前，我国在承认与执行仲裁裁决的案件中需遵循《纽约公约》第5条的规定，该条款提供的连接点不包括机构所在地；《法律适用法》只管辖裁决撤销阶段以及仲裁程序开始之初的确认涉外仲裁协议效力的案件，此时法院取得管辖权的前提是法院所在地需为仲裁协议约定的仲裁机构所在地、仲裁协议签订地、申请人或者被申请人住所地。[①] 法院取得管辖权，意味着仲裁机构所在地这一连接点本身很可能直接指向中国法。

强调仲裁机构是我国立法的独特特征，国内仲裁机构顺应立法，在示范条款中强调择定仲裁机构的内容，而不重视仲裁地的选择。境外仲裁机构的态度则不同。伦敦国际仲裁法院（LCIA）、[②] 国际商会仲裁院（ICC）、[③] 新加坡国际仲裁中心（SIAC）[④] 等机构提供的示范条款往往不包括"提交某某仲裁机构进行仲裁"的措辞，但往往包含"根据某某仲裁规则进行仲裁"以及指定仲裁地的内容。境内、境外机构的不同趋向，导致存在可用的机构所在地的仲裁协议往往指向内国法，而存在可用仲裁地约定的仲裁协议往往指向其他法律。

此外，当仲裁机构所在地指向别国法律时，法院往往对机构所在地连接点避而不谈。在2013年最高院关于北仑利成案作出的复函[⑤] 中，最高院认为

---

① 参见《仲裁法司法解释》第12条。

② LCIA, RECOMMENDED CLAUSES, at https://www.lcia.org/Dispute_Resolution_Services/LCIA_Recommended_Clauses (last visited on June 10, 2020).

③ ICC, STANDARD ICC ARBITRATION CLAUSES, at https://iccwbo.org/publication/standard-icc-arbitration-clauses-english-version/ (last visited on June 10, 2020).

④ SIAC, MODEL CLAUSE, at https://www.siac.org.sg/model-clauses/siac-model-clause (last visited on June 10, 2020).

⑤ 参见《最高人民法院关于宁波市北仑利成润滑油有限公司与法莫万驰公司买卖合同纠纷一案仲裁条款效力问题请示的复函》(〔2013〕民四他字第74号)。

当事人通过约定仲裁规则，选择了ICC作为仲裁机构，仲裁地为中国。但在作为仲裁地法和仲裁机构所在地法之间，无论是出于适用内国法的便利考虑，抑或出于ICC作为跨国组织判断其机构所在地多有不便的考虑，最高院未经说理，直接认可了浙江高院适用中国法判断仲裁协议效力的做法。法院的态度体现其适用内国法的偏好。

三、机构所在地法的合理性反思

（一）被放大的仲裁机构

我国法下，仲裁机构是有效仲裁协议不可或缺的部分，但在仲裁实践中，仲裁机构并不承担与此相称的重要角色。仲裁机构仅仅起到管理和组织仲裁程序的作用，如代为指定仲裁员、递送仲裁文件和证据材料等，而并不承担审判职能；① 甚至，在临时仲裁中，一项仲裁程序可能在全程没有任何仲裁机构参与的情况下完成并作出可执行的仲裁裁决。虽然我国法规定仲裁委员会是衡量仲裁庭管辖权的裁判，但实践中，仲裁委员会往往遵循自裁管辖权原则，通过仲裁规则作出安排，授权仲裁庭自行作出管辖权相关的决定。② 在自裁管辖权原则下，关于仲裁庭管辖权的异议应当由仲裁庭而非仲裁机构决定。③仲裁协议的效力直接与仲裁庭管辖权挂钩，而与仲裁机构的职能并无联系。

总的来看，仲裁机构对于仲裁程序，尤其是仲裁庭管辖权问题的法律影响是极为有限的，仲裁机构作为仲裁程序的管理方所在何地与一项仲裁协议更无牵扯，我国一直以来都放大了仲裁机构在一项国际仲裁审判过程中的法律意义。

即便仲裁机构在我国法的特殊安排下享有一定的实体审判权，其与法院依然存在性质上的根本差异，机构所在地法与法院地法不可等量齐观。作为私人组织的仲裁机构与其所在地的法律体系不存在强有力的关联，ICC、LCIA等跨国仲裁机构都在多地展开服务，与其所在地的法律制度并无密切联系；作为国家审判机构的法院则负有适用与解释本国法的义务与权力。仲裁机构的

① 韩德培主编:《国际私法》(第三版)，高等教育出版社与北京大学出版社2014年版，第573页。

② 参见《中国国际经济贸易仲裁委员会仲裁规则》第6条第1款规定、《北京仲裁委员会仲裁规则》第6条第4款。

③ 关于自裁管辖权的规定，参见LCIA Rules Article 23.1、ICC Rules Article 6.3等。

权力来自当事人的合意，其管理的争议可能与机构所在地毫无联系；而法院行使审判权的依据来自一国主权，管辖权建立在诉讼标的与本国的联系基础之上，当事人不能通过合意任意排除。此外，虽然仲裁机构的运行受到其所在地法律体系的管辖，但是一项仲裁程序的法律适用却取决于仲裁地的选择，与机构所在地并不具有必然关联；相比之下，在一国法院进行的诉讼必然需要遵守法院地的程序性规范与强制规则，不得通过约定规避。这都决定了仲裁机构所在地法不可能获得类似于法院地法的当然地位，无法随意引入一项仲裁程序之中。

（二）仲裁协议独立性再审视

对于仲裁协议准据法问题，国际实践上最重要的两个连接点是主合同准据法以及仲裁地法，其中“主合同”指的是包含或指向该仲裁协议的、规范当事人实体权利义务关系的合同。[①] 与域外经验截然相反，我国立法从未试图对仲裁协议适用主合同准据法。这是因为，仲裁协议的独立性原则在我国深入人心。

在独立性理论下，仲裁条款与主合同是可分的，仲裁条款与主合同的联系因而被极大弱化。[②] 仲裁协议的独立性使得确定仲裁协议准据法的冲突规则可以不同于主合同，带来了仲裁协议被不同于主合同法的法律管辖的可能性。《仲裁司法审查规定》第 13 条明确要求当事人就仲裁协议的准据法“作出明确的意思表示”，仅约定合同适用的法律并不足够；在当事人并不存在合意时，立法规定可能适用于仲裁协议的准据法也不包括主合同法。对当事人合意的否定、对主合同准据法连接点的排除，使得主合同法的地位从“并不当然”适用于仲裁协议事实上已经转化为“当然不”适用于仲裁协议。在此情况下，机构所在地法成为仲裁协议不多的可用选择之一，将其引入立法也就顺理成章。

然而，仲裁协议独立性是否足以排除主合同法作为准据法的资格，有待商榷。

---

① Nigel Blackaby, Constantine Partasides et al, Redfern and Hunter on International Arbitration, Oxford: Oxford University Press, 2015, ¶ 2-87.

② 石现明:《国际商事仲裁协议独立性新解》，载《西南政法大学学报》2006 年第 2 期，第 52-59 页。Jeffrey Waincymer, *Procedure and Evidence in International Arbitration*, Netherlands: Kluwer Law International, 2012, p. 132. Philippe Fouchard, Emmanuel Gaillard, Berthold Goldman, *Fouchard Gaillard Goldman on International Commercial Arbitration*, Netherlands: Kluwer Law International, 1999, pp. 199-212.

作为一种法律的拟制，仲裁条款独立性的逻辑基础在于，当事人希望将与主合同相关的所有纠纷都提交仲裁，而不是将纠纷分割为不涉及仲裁协议有效性的部分和其他部分分别选择争议解决方式。因此，仲裁条款应当在主合同面临无效风险的时候依然保持效力，或者至少，其无效的情形或概率应当远低于主合同无效的情形或概率。[①] 显然，独立性的政策目的主要在于将仲裁协议的效力与主合同的效力脱钩，与准据法问题却无直接联系。

通过仲裁协议，当事人将他们对主合同的权利义务产生的争议提交仲裁庭进行裁判，并承诺遵守仲裁庭作出的仲裁裁决。虽然这产生了管辖权上的影响，但同时也对实体权利作出了新的安排。当事人对仲裁协议很少进行单独的专门谈判或成文安排，对仲裁条款的接受是通过对整个合同的接受来实现的。[②] 很难认为，在作为商主体的当事人在订立这一条款时，他们会意识到自己在订立一个全新的独立合同；相反，他们很可能只将这一条款看作与其他条款并无区别的合同组成部分，则自然的推论是仲裁协议的法律适用也与合同中的其他条款一样取决于整个合同的法律适用，主合同法也就当然地适用于仲裁协议。

从域外经验来看，在认可仲裁协议独立性原则的同时，主合同法对仲裁协议的影响依然深远，在指引仲裁协议准据法上的重要地位并未动摇。[③] 普通法依然存在着这样的重要观点，如果存在对主合同准据法的明示合意，那么无论当事人是否约定了仲裁地、仲裁地法是否与主合同适用法一致，主合同法一般都应作为当事人（默示）合意选择的法律适用于仲裁协议。只有在少数的例外情况下，主合同法才无法作为当事人的合意适用于仲裁协议。[④]

武断地将独立性原理适用于法律适用问题，可能会导致不合理的结果。在

---

① Fiona Trust *v.* Privalov (sub nom Premium Nafta Products Ltd *v.* Fili Shipping & Co Ltd) [2007] 2 CLC 553, at paras 22–29.

② Yves Derains, "Choice of law applicable to the contract and international arbitration", *ICC International Court of Arbitration Bulletin 10*, 2006, pp.10–11.

③ Julian D. M. Lew, Loukas A. Mistelis et al, *Comparative International Commercial Arbitration*, Netherlands : Kluwer Law International, 2003, pp. 107–108.

④ L. Collins et al. (eds.), *Dicey, Morris and Collins on The Conflict of Laws,* London: Sweet & Maxwell, 2012, ¶16-017-16-019.

2006年的恒基公司案[1]中，当事人在香港订立主合同，约定协议适用香港法，此后双方就仲裁协议条款效力产生争议。法院认为，根据《仲裁法》第16条规定，当事人选定仲裁条款效力的准据法需要“明确约定”，而在仲裁条款项下约定“本协议适用香港法”，是对仲裁条款的准据法进行约定还是对合同实体内容的准据法进行约定，容易产生歧异，不能视为对仲裁协议的准据法构成了明确约定。合同未约定仲裁地，因此应当根据法院地法认定该仲裁条款效力，由于当事人并未在仲裁条款中约定仲裁机构，根据《仲裁法》第18条规定应认定为无效协议。该案中，当事人双方均为香港主体，主合同订立于香港，约定的合同准据法亦为香港法。香港法并不要求仲裁协议必须选定仲裁机构，这样表达出明显的仲裁意向的仲裁条款很难被认定为无效。然而，最高法院机械运用仲裁协议独立性理论，导致这一旨在维护仲裁协议有效性的独立性理论反而被用于否定仲裁协议的效力。这一裁判对独立性理论的适用有待商榷，也引起了学界的批评。[2]

因此，仲裁条款独立性的影响力应当止步于为仲裁协议适用不同于主合同法的其他法律创造“可能性”，而不应当在不同连接点之间创造倾向性，乃至起到剔除连接点的作用。

四、对外开放趋势下的未明前景

（一）跨国机构的所在地之间

如何判定“机构所在地”在立法下并未得到清晰阐释。《仲裁法》中规定的“仲裁委员会”所指为在我国范围内设立的机构，可根据其注册地判断所在地，但似乎难以涵盖境外机构；而司法解释中多次出现的“仲裁机构”则连定义都付之阙如。这将导致仲裁机构所在地连接点难以有效适用于在多个国家地区开展业务的跨国仲裁机构。例如，LCIA在五个国家与地区有办公室，ICC的办公室则覆盖了超过七个国家与地区；贸仲在中国香港设立仲裁委员会香港仲裁中心后，其所在地也涉及多个法域。各办公室所在地或是机构总部

---

① 参见广晟投资发展有限公司与中国恒基伟业集团有限公司、北京北大青鸟有限责任公司、香港青鸟科技发展有限公司确认仲裁条款效力及管辖权纠纷二审案裁判书［（2006）民四终字第28号］。

② 参见宋晓：《涉外仲裁条款的准据法——“恒基公司案”对实在法和法院裁判的双重拷问》，载《法学》2008年第6期。

所在地将指向不同的准据法，需要更详细的判断标准。

法院目前审理的机构所在地指向境外的案例大多涉及当事人的特别约定。例如，在一起认定机构所在地为香港的案例中，当事人仲裁协议约定“应将案件交由被诉人所在地的仲裁机构（中国国际经济贸易仲裁委员会任何分会或香港国际仲裁庭）仲裁”，被诉人系在香港注册的公司，因而“被诉人所在地的仲裁机构”直接指向香港的仲裁机构。[①] 在另一个认定机构所在地为纽约的案例中，仲裁协议更是明确约定争议“由位于纽约的美国仲裁协会按照其商事仲裁规则仲裁解决”。[②] 缺乏此类特殊约定，将导致判断机构所在地面临困境。

早期，机构所在地定义不足并不是重要的问题。《仲裁法》第10条规定，设立仲裁委员会，应当经省、自治区、直辖市的司法行政部门登记。对这一规定的普遍理解是，仲裁在我国是需要经过行政机关特许才能提供的专业服务，进行仲裁是经过登记的仲裁委员会的专属权力，未经登记的机构无权在中国开展裁判工作。因此，只有国内仲裁机构能够在中国境内进行仲裁，在法院适用《法律适用法》确定仲裁协议有效性的案例中，机构所在地鲜少涉及跨境仲裁机构。

然而，境外仲裁机构不得在境内开展业务的立场在近年来逐渐软化。在2013年的龙利得案[③]中，当事人约定因合同而发生的纠纷由国际商会仲裁院进行仲裁，同时还约定“管辖地应为中国上海”。原审法院依据《仲裁法司法解释》认定对仲裁协议适用仲裁地法，并认为外国仲裁机构依法不能在我国境内进行仲裁，因而仲裁协议无效。最高院推翻了原审法院的判决，认为这一观点“缺乏法律依据”，并确认了仲裁协议的有效性。在上海一中院2020年作出的大成产业案裁定书[④]中，法院援引龙利得案，认可了当事人将争议“由

---

① 参见天津市中色国际贸易有限公司、宏达国际贸易有限公司买卖合同纠纷再审审查与审判监督民事裁定书［（2018）最高法民申6088号］。

② 参见赣州市华欣体育用品有限公司、欧达国际运输有限公司海上、通海水域货运代理合同纠纷二审民事裁定书［（2020）闽民终208号］。

③ 参见最高人民法院关于申请人安徽省龙利得包装印刷有限公司与被申请人BP Agnati S.R.L申请确认仲裁协议效力案的请示的复函［（2013）民四他字第13号］。

④ 参见大成产业气体株式会社等与普莱克斯（中国）投资有限公司申请确认仲裁协议效力一案一审民事裁定书［（2020）沪01民特83号］。

新加坡国际仲裁中心在上海仲裁”的约定的有效性。在说理中，法院还明确指出，禁止境外仲裁机构在境内开展业务的主张“欠缺我国明令禁止性法律规定”，且“与国际商事仲裁发展趋势相悖”。在广州中院2020年作出的布兰特伍德案判决书[①]中，法院确认外国仲裁机构在内地作出的仲裁裁决的籍属为中国涉外仲裁裁决，并明确了此类裁决的执行依据。

在制度改革层面，自2015年以来，国务院多次印发关于上海自贸试验区改革的通知，提出要“允许境外知名仲裁及争议解决机构……在新片区内设立业务机构……开展仲裁业务”。[②]2019年公布的《中国（上海）自由贸易试验区临港新片区管理办法》第13条明确规定，境外知名仲裁及争议解决机构经登记并备案后，可以在新片区内设立业务机构、开展仲裁业务。2020年9月发布的《国务院关于深化北京市新一轮服务业扩大开放综合试点建设国家服务业扩大开放综合示范区工作方案的批复》，将这一改革措施拓展至北京自贸试验区，境外仲裁机构经登记亦可以在北京自贸试验区设立业务机构、开展仲裁业务，相关登记办法已在2021年1月1日正式施行。[③]

可以预见，境外机构在华开展仲裁业务取得政策允许后，法院审理的案件中涉及境外机构的情况也将增加。在缺乏明确定义的情况下，机构所在地未必能在每个案例中形成有效确指，这一连接点发挥的作用也将极为有限。

（二）临时仲裁的威胁

当一项仲裁并无仲裁机构参与时，仲裁机构所在地更无用武之地。

从全球范围来看，临时仲裁一直是一种重要的仲裁形式。根据LCIA公布的2018年报告，LCIA全年提供服务的仲裁中，临时仲裁占到15%；[④]伦敦海事仲裁员协会在2019年一共受理了1756起临时仲裁，相较2018年增长了约

---

① 参见布兰特伍德工业有限公司（Brentwood Industries）、广东阀安龙机械成套设备工程有限公司申请承认与执行法院判决、仲裁裁决案件一审民事裁定书［（2015）穗中法民四初字第62号］。

② 参见《进一步深化中国（上海）自由贸易试验区改革开放方案》（国发〔2015〕21号）、《中国（上海）自由贸易试验区临港新片区总体方案》。

③ 参见《境外仲裁机构在中国（北京）自由贸易试验区设立业务机构登记管理办法》（京司发〔2020〕91号）。

④ LCIA，LCIA 2018 ANNUAL CASEWORK REPORT，at https://www.lcia.org/News/2018-annual-casework-report.aspx（last visited on June 10，2020）.

15%。[1] 更多的临时仲裁可能在完全不涉及任何机构的情况下完成，因而临时仲裁的体量不容小视。

虽然目前《仲裁法》规定当事人需要在仲裁协议中选定仲裁委员会，但是临时仲裁在中国发展的可能性已经逐渐显现。2016年年底，最高人民法院发布了《最高人民法院关于为自由贸易试验区建设提供司法保障的意见》（法发〔2016〕34号），其中第9条规定，只要当事人约定“由特定人员”进行仲裁，即可认定仲裁协议有效。换言之，当事人可以任命仲裁员而不选择任何仲裁机构。这为临时仲裁在我国开展提供了可能。结合我国一直以来由地区到全国的改革路径，有理由认为这一政策将来可能推及全国，则仲裁机构所在地连接点的可用性将进一步削弱。

五、结论

仲裁机构所在地与仲裁地性质类似，在司法实践中充分填补仲裁地约定不足的漏洞，得到了裁判者的青睐。同时，机构所在地由于其带有的中国法色彩，逐渐取代法院地法，成为对仲裁协议适用中国法的新工具。机构所在地虽然难以构成独立的准据法选项，但其惊人的适用频次似乎证明它已经是合用的连接点。虽然这一结果在我国以重视仲裁机构作用为特色的法律制度下具有一定的必然性，但是深入研究，我国对仲裁机构的强调建立在放大其法律意义的基础之上，对仲裁协议连接点的限制建立在扩展仲裁协议独立性的意涵、忽略仲裁协议与主合同之间联系的基础之上，因此，机构所在地法作为准据法的合理性基础仍有欠缺。此外，在我国仲裁对外开放的过程中，机构所在地面临着愈加晦暗的前景。在合理性基础不足、独立价值有限、发展前景受阻的背景下，对机构所在地这一连接点应当采取更为谨慎的态度。

---

① LONDON MARITIME ARBITRATORS ASSOCIATION，2019 STATISTICS，at http://www.lmaa.org.uk/event.aspx?pkNewsEventID=208da443-7800-4720-84b3-7f4f3f5fc9ce（last visited on June 10，2020）.

仲裁协议在第三人利益合同中的效力扩张

——从《民法典》第522条切入

孙嘉琪 *

● **摘　要**

《民法典》第522条给予真正第三人利益合同中的第三方以合同履行请求权，在以往司法实践中对于第三人利益合同中第三方的合同履行请求权是否涵盖仲裁协议这一问题，存在着不同的做法。笔者对国内外仲裁协议在第三人利益合同中向第三方扩张的相关判例进行比较，提出在真正第三人利益合同中，第三方的合同履行请求权应涵盖仲裁协议，仲裁协议应扩张至第三方以保障第三方的权益；对于不真正第三人利益合同，亦可借鉴普通法系国家的做法，将仲裁协议扩张至第三方以符合效益与公正的价值取向。仲裁协议在第三人利益合同中的效力扩张是对《民法典》第522条保护合同当事方与第三方权益的程序性支持。

● **关键词**

第三人利益合同　仲裁协议　效力扩张　《民法典》第522条

Abstract: Article 522 of PRC's Civil Code gives third party right to claim the performance of the contract. According to the past judicial

---

* 孙嘉琪，上海海事大学国际法学硕士研究生。

practice, there are different approaches to the issue of whether the third party's claim for performance of the contract covers the arbitration agreement in the contract for the benefit of third party. By comparing the relevant situations of whether the arbitration agreement should expand to the third party in the contract for the benefit of third party, the author points out that in the real contract for the benefit of third party, third party's claim for the performance of the contract should cover the arbitration agreement to protect the rights and interests of the third party. In the unreal contract for the benefit of third party, we could draw on the experience of the common law countries. That is the arbitration agreement should expand to the third party to meet the value orientation of efficiency and justice. The expansion of the validity of arbitration agreement in the contract for the benefit of third party is the procedural support for article 522 of the Civil Code to protect the rights and interests of the parties and the third party of the contract.

Key Words: contract for the benefit of third party, arbitration agreement, expansion of validity, article 522 in Civil Code

一、问题之提出

（一）现行法的规定及存在的问题

《中华人民共和国仲裁法》（以下简称《仲裁法》）第4条[①]规定了当事人参加仲裁必须具备的实质性要件与形式要件，即仲裁应基于双方自愿以及双方之间应签署仲裁协议。由此观之，仲裁协议是当事方申请仲裁的基础，未签署仲裁协议的利益第三人加入仲裁程序有违《仲裁法》的立法意图。

经济一体化的贸易形势要求我国的仲裁体制与国际相接轨，通过对近二十年判例的比较，国外的仲裁制度逐渐向受益第三方扩张。一些仲裁制度较为成熟的国家已经发展出一套成熟的仲裁第三人体系，特别保护第三人利

① 《仲裁法》第4条："当事人采用仲裁方式解决纠纷，应当双方自愿，达成仲裁协议。没有仲裁协议，一方申请仲裁的，仲裁委员会不予受理。"

益合同中第三方的权益，但在我国的仲裁体制中依然严格遵循合同相对性原则，仅在《最高人民法院关于适用〈中华人民共和国仲裁法〉若干问题的解释》第8、9、11条中，有对法人的合并分立、合同权利义务的转让、援引并入有例外规定。在各方当事人主体日益复杂的国际商事纠纷案件中，利益第三方的权益保护问题逐渐进入视野。由于第三人利益合同是密切牵涉第三人利益的典型合同，而仲裁协议相对性的限制往往会导致相关第三人面临再次仲裁或诉讼的结果，从而违背合同缔约方订立仲裁协议时，对于仲裁制度带来的效益、公平价值的期待。

（二）《民法典》第522条第2款的契机

对于《中华人民共和国合同法》（以下简称《合同法》）第64条，[①] 学界一直以来对其性质究竟为“向第三人履行的合同”还是“第三人利益合同”存在争议。[②]《最高人民法院关于适用〈中华人民共和国合同法〉若干问题的解释（二）》第16条[③] 规定第三人利益合同中的第三方为无独立请求权第三人，似乎表明该条是合同的一种特殊履行方式，而非第三人利益合同。但由于实践的需要，却在各部门法中逐渐发展出第三人利益合同的雏形。

《民法典》第522条[④] 在《合同法》第64条的基础之上明确了真正第三人利益合同，区别于不真正第三人利益合同，赋予受益第三方合同履行请求权。从中可以看出《民法典》在该条立法目的上对维护第三方权益的重视。请求权在权利作用中仅承担枢纽的作用，[⑤] 但且不论拥有合同履行请求权是否就等同于拥有诉权，在真正第三人利益合同中，第三方基于合同项下条款向合同

---

① 《合同法》第64条：“当事人约定由债务人向第三人履行债务的，债务人未向第三人履行债务或者履行债务不符合约定，应当向债权人承担违约责任。”

② 薛军：《论〈中华人民共和国合同法〉第64条的定性与解释——兼与“利他合同论”商榷》，载《法商研究》2012年第2期。

③ 《最高人民法院关于适用〈中华人民共和国合同法〉若干问题的解释（二）》第16条：“人民法院根据具体案情可以将合同法第六十四条、第六十五条规定的第三人列为无独立请求权的第三人，但不得依职权将其列为该合同诉讼案件的被告或者有独立请求权的第三人。”

④ 《民法典》第522条第2款：“法律规定或者当事人约定第三人可以直接请求债务人向其履行债务，第三人未在合理期限内明确拒绝，债务人未向第三人履行债务或者履行债务不符合约定的，第三人可以请求债务人承担违约责任；债务人对债权人的抗辩可以向第三人主张。”

⑤ 王泽鉴：《法律思维与民法实例》，中国政法大学出版社2001年版，第64页。

当事方主张合同权利时，第三方的合同履行请求权是否可以涵盖仲裁协议这一问题本身就有一定争议。所以不论是在诉讼程序中还是在仲裁程序中，第三方的权益依旧无法得到固定的保障。

笔者认为，《民法典》第522条第2款对第三方履行请求权的规定，在立法目的上符合实践中对第三方权益保护的需要，但在此法律框架下继续对第三方援引《仲裁法》第4条的相关规定，从而否定其申请仲裁的权利，无疑是在程序上为第三方设置的障碍。在实体法上对第三方进行保护，在程序法上却阻碍第三方寻求救济的途径，这显然是不合理的。

二、效力扩张的实证研究

第三人利益合同在一些部门法中确定第三方的合同履行请求权，如《中华人民共和国信托法》（以下简称《信托法》）第43、46、48条规定，受益人享有信托受益权，可以放弃、转让、继承以及用于清偿债务。《信托法》虽没有明文规定第三方享有独立的请求权，但是从其可以自由处分前述权利中看出，第三方从信托合同中获得了独立债权。再如，《中华人民共和国保险法》第18条第2、3款的规定给予第三方直接向保险人行使的保险金请求权。虽然《民法典》第522条亦偏向于保护第三方的权益，但由于第三人利益合同制度与古罗马时期诞生的契约相对性原则存在矛盾，在遵循“无论何人均不得替他人约定”[①]与平衡价值、效率[②]之间，一方面是法律原理，另一方面是简化交易、实质正义的社会本位要求，且其两者之间的平衡点尚不能在法律中找到确切且唯一的依据时，司法实践中存在着截然不同的做法。

（一）第三人利益合同中的仲裁协议效力及于第三人

在“李道银、当阳市宏润建设工程有限公司与中国太平洋财产保险股份有限公司宜昌中心支公司人身保险合同纠纷”一案[③]中，湖北省当阳市人民法院认为在第三人利益合同中，仲裁协议可以扩张至第三方。其裁定理由是，人身保险合同属典型的第三人利益合同，而受益人作为单纯的受益人，只享有合同权利，并不履行任何义务，其可以选择拒绝或接受上述合同权利，现受

① 王泽鉴：《民法学说与判例研究》第二册，北京大学出版社2009年版，第33页。

② 张婧、顾长河：《我国真正第三人利益合同的立法选择》，载《岭南学刊》2018年第6期。

③ （2016）鄂0582民初1299号。

益人依据保险合同向被告主张权益，即作出了接受该第三人利益合同所享有权利的意思表示，该意思表示中也当然含有接受合同中的仲裁协议，故保险合同中仲裁协议的效力自然扩张至受益第三方。

由此可见，在司法实践中也有裁定支持第三人利益合同中仲裁协议的扩张。法院在该裁定书中依据第三人利益合同的相关概念，赋予利益第三方基于合同项下的权利，该合同履行请求权的范围涵盖了仲裁协议，故而第三方可以援引合同中的仲裁协议。但该份裁定书中并未提及仲裁协议相对性这一问题，由于利益第三方李道银并非合同当事方，如果其申请仲裁，仲裁庭很可能会依据《仲裁法》第 4 条，认定利益第三方李道银为非合同当事方，而没有申请仲裁的主体资格。在此情况之下，对于利益第三人的保护又该何去何从呢?

（二）第三人利益合同中的仲裁协议效力不及于第三人

在“临清市农村信用合作联社与中华联合财产保险股份有限公司山东分公司管辖”一案[①]中，聊城市中级人民法院认为第三人利益合同中的仲裁协议不能扩张至利益第三人。其裁定理由是，虽然保险合同是为被上诉人利益的合同，但由于受益第三方不是合同的当事人，其享有的诉权系基于法律规定而非合同约定，故保险合同中约定的仲裁协议对第三方不发生法律效力。

对于公民的诉权在《中华人民共和国民事诉讼法》（以下简称《民事诉讼法》）第 119、123 条[②]有具体规定，对于保险合同中受益人的保险金请求权在《保险法》及其相关司法解释中有明确规定，但法院坚持合同相对性原则来处理第三方申请仲裁的问题，认为第三人利益合同中的仲裁协议仅能约束合同当事人，对未在合同上签字的第三方并无法律效力。第三人利益合同中的第三方能否申请仲裁，无关合同方是否明确为第三人设定利益，而在于第三方是否与合同方签订仲裁协议。

然而，在“江苏省物资集团轻工纺织总公司诉（香港）裕亿集团有限公司、

① （2015）聊商辖终字第 48 号。

② 《民事诉讼法》第 119 条：“起诉必须符合下列条件：（一）原告是与本案有直接度利害关系的公民、法人和其他组织；（二）有明确的被告；（三）有具体的诉讼请求和事实、理由；（四）属于人民法院受理民事诉知讼的范围和受诉人民法院管辖。”

《民事诉讼法》第 123 条：“人民法院应当保障当事人依照法律规定享有的起诉权利。对符合本法第一百一十九条的起诉，必须受理。”

（加拿大）太子发展有限公司侵权损害赔偿纠纷上诉案”中，最高院在判决书中的一段论述“本案当事人均应受该合同条款的约束，即使本案涉及第三人，在仲裁庭不能追究第三人责任的情况下，轻纺公司可以以第三人为被告向人民法院另行提起诉讼，当事人的合法权益仍然可以得到维护”，最高院认为“仲裁庭不能追究第三人责任”在一定程度上体现了不认可我国仲裁制度中存在引入第三人为当事人的基本态度。[①] 该案为1998年之判决，距今二十余年，自1995年《仲裁法》实施以来，不论从立法或是司法实践中为能最高程度保障当事人通过“意思自治”的方式选择仲裁程序，便确立了严格的仲裁协议相对性原则。

笔者认为，在当下复杂的商事主体关系中，合同当事方签订第三人利益合同，债务人与受益第三方之间由此便产生一种以诚实信用为基础、[②] 以合同项下为第三人设定之权益为内容的债之关系，从部门法对特定第三方请求权加以保护，到《民法典》新增特定第三方的请求权，更进一步地保护其权益，司法实践中愈加重视对特定受益第三人保护是大势所趋。由此，依据诚实信用原则、公平合理的期待原则以及当事方的订约目的，在我国法律框架之下适当放宽仲裁协议相对性原则，将仲裁协议扩张至特定第三方是合理的。

三、效力扩张的比较研究

将第三人利益合同之下的仲裁协议效力延伸至特定受益第三方，在实务上的困难不仅仅在于对传统合同相对性原则与意思自治原则的突破，而更在于特定第三方之确定应依何标准。《民法典》第522条第2款仅规定真正第三人利益合同中的受益第三人具有独立请求权，若对受益第三方的规定标准过宽，则有可能使得仲裁过程中牵涉的商业秘密得到不正常的披露，从而导致仲裁当事人的利益受损；如若规定标准过窄，则可能增加时间、费用成本，且各裁判结果可能互相矛盾，而难以有效解决纠纷。笔者在此基础之上，欲借国外判例来论述在我国法律框架下的第三人利益合同之于受益第三人该如何进行扩张。

---

① 石育斌：《国际商事仲裁第三人制度比较研究——兼论中国〈仲裁法〉修改中的第三人问题》，华东政法学院2007年博士学位论文，第123页。

② 王泽鉴：《民法学说与判例研究》第二册，北京大学出版社2009年版，第37页。

（一）美国地方法院的判决

在“Miness *v.* Ahuja”案①中，纽约市地方法院再一次确认了第三方主动援引合同中仲裁协议的前提是合同当事方在合同中明确第三方受益人。原告 Miness 向被告 Ahuja 出售四座养老院，购买协议书中还规定在购买完成后将聘请 Miness 作为养老院的顾问。劳动合同系原告 Miness 与被告 Ahuja 的经营公司签署，其中订有仲裁协议。而后，被告 Ahuja 违约，原告起诉。被告以劳动合同中订有仲裁协议为由，抗辩法院的管辖权。法院认为，含有仲裁协议的劳动合同系原告 Miness 与经营公司签署，受益第三方 Ahuja 无权强制执行该仲裁协议，除非该受益第三方是劳动合同中明确的受益第三方；在“Premi *v.* Equifax”案中，美国第二巡回法庭亦指出非合同当事方在缺少明确证据，证明合同当事方意图允许其强制执行合同条款时，无权援引合同中的仲裁协议。②

由以上两个案件可以看出，美国法院对于未签署合同的受益第三方申请仲裁需要符合一定的条件，不论是“明确的受益第三方”（explicit third party beneficiarty）或是“明确的证据证明其意图”（clearly evidence an intent）都要求原合同中仲裁协议的签署方存在着希望该受益第三方进入仲裁程序或是给予受益第三方以权利的意图，该意图的标准须为“明确的”。

仲裁终究还是当事人意思自治的产物，③合同当事人明确为受益第三方设定权利，是第三方根据合同申请仲裁的前提要件。在此情况之下，法院更偏向于保护第三方的权益。所以，当事方在合同中明确授予第三方权利的，第三方有权援引合同中的仲裁协议。

（二）英国高等法院："The Sea Premium"案的判决

“The Sea Premium”案④以及之后英国和中国香港的做法都要求希望从合同中受益的第三方应当受到合同中专属管辖条款或仲裁协议的约束和保护。⑤

---

① Miness *v.* Ahuja，713 F.Supp.2d 161（E.D.N.Y. 2010）.

② Premi *v.* Equifax，583 F.3d 103，108（2d Cir. 2009）.

③ 郑夏：《国际商事仲裁合意限度研究》，西南政法大学 2015 年博士学位论文，第 83 页。

④ Sea Premium Shipping Ltd v Sea Consortium Pte Ltd，EWHC 540（Admlty 2001）.

⑤ Dickson Valora GroupCo Ltd *v.* Fan Ji Qian，HKCFI 482（2019），Clearlake Shipping Pte Ltd and another *v.* Xiang Da Marine Pte Ltd，EWHC 2284（2019），Qingdao Huiquan Shipping Co *v.* Shanghai Dong He Xin Industry Group Ltd，EWHC 3009（2018）.

船东A与BXCL公司订有期租合同，合同中订有仲裁协议“由此合同产生的任何争议将提交英国仲裁”，且赋予出租人在一定条件下出售船舶的权利。船东A将船舶出售给B，BXCL公司将船舶转租至被告。之后，由于B公司经营状况恶劣，船舶抵押权人介入并将该船出售至原告。鉴于船舶的适航情况，原告以免租的条件将船舶拖至迪拜进行维修并获得船舶所有权。与此同时，被告只能以极高的租金另行租用一条船来替代涉案船舶，于是被告将船舶扣留在了迪拜。

案件的争议是对于原告违反租约致使被告不得不高价租船的损失归属问题。被告认为其对于争议有权依据租约进行索赔，但原告主张适用其与抵押权人之间的买卖合同，申请法院颁布禁诉令，从而可以使船舶继续投入营运。法院对于该案的判决中，认为该案与新旧船东地位的识别并无关联，被告在迪拜扣船的行为是基于契约的行为，被告要求赔偿未能遵守租约下的条款而对其造成的损失，其索赔是一项准合同索赔。若要基于该合同进行索赔，那被告就要受该合同下仲裁协议的约束。

从该案中可以看出英国法院对于合同当事方未明确给予其权利，但意图基于该合同请求救济的第三方的态度是：限制该第三方权利，即意图从相关合同中获取利益的第三方要受制于合同中指定的管辖地或仲裁协议。从这些判决中也能感受到英国法院对于合同当事方之间意思自治的保护——当事方业已在合同中选择管辖地及仲裁，第三方若要基于该合同项下的条款向当事方主张权益，该第三方就要遵循当事方的选择，即受该合同中排他性管辖条款的约束。

四、效力扩张的证成

韩世远教授认为《合同法》第64条系第三人利益合同制度的规定，并认可第三人的履行请求权，[①] 这一观点随着《民法典》第522条第2款的落实得到了确认，该条文系真正第三人利益合同的一般条款。王利明教授提出在肯定第三人享有履行请求权有利于实现合同目的，但第三人可以请求内容的范

① 韩世远：《试论向第三人履行的合同：对我国〈合同法〉第64条的解释》，载《法律科学》2004年第6期。

围不得超出合同的约定。[①] 由于上述规则只是规定第三人可以向债务人主张违约责任，但第三人可以主张何种形式的违约责任，是否可以依据合同中的仲裁协议向当事人主张，则需要进一步得到明确。

（一）比较法的启示

美国《第二次合同法重述》第302条，展现了美国法下的第三人利益制度，其中规定了有意受益人和附带受益人，类似于我国的真正第三人利益合同与不真正第三人利益合同中的第三方。《第二次合同法重述》下对于有意受益人和附带受益人的区别在于订约双方对第三方履行请求权的承认，我国区分的真正第三人利益合同与非真正第三人利益合同之差别主要在于第三方是否具有独立请求权。美国是判例法国家，从判决书中也可以看出其对于仲裁第三人制度给予的肯定。

英国相较于美国，在早期的司法实践中一直严格坚守合同相对性原则，但因为保险、信托等涉及第三人权益的商事领域发展迅速。从1996年英国《仲裁法》第35条之于第三人的规定，到1999年的《合同（第三人权利）法案》[②]终于使得第三人利益合同制度得到确认，其中第1条规定“1. 根据本法，非合同方（在本法中系第三方）在下列情况下可强制执行合同条款——（1）合同明确规定其享有该权利；（2）除第2款另有规定外，该条款旨在赋予其利益；2. 合同方无意第三方可强制执行合同条款时，第1款第2项不适用；3. 合同中应明确第三方的名称”，由此英国确立了第三人利益制度，第三方可援引合同中的仲裁协议寻求救济。

在普通法国家法院的判例中，可以看出法院对第三方的履行请求权是否涵盖仲裁协议这一问题持肯定态度。在合同方“明确”为第三方设定权利的前提下，第三方才有权利通过合同中的仲裁协议申请仲裁，该种情况下的仲裁协议之于第三方扩张是基于维护第三方权利性质的保护性扩张；对于当事方未在合同中“明确”指定的受益方，若要基于该合同而提起对当事方的诉讼，则要受制于该合同中的限制性管辖条款，即仲裁协议之于第三人扩张是基于维护当事人权利性质的保护性扩张。

① 王利明：《民法典合同编通则中的重大疑难问题研究》，载《云南社会科学》2020年第1期。

② Contracts (Rights of Third Parties) Act 1999, sec. 1, cl. 1.

（二）效力扩张的权衡

1. 效力扩张与意思自治原则的权衡

有的学者不认可第三方拥有基于合同寻求救济的权利，认为该种做法会使得私主体的意思自治失去保障，[①]科宾教授在其著作中对这个问题有阐述“第三方的权利来源于当事人的合意，是由允诺人与受约人共同创设的，其有效性和效用由合同法来决定，这并不因为受益人自己不是受约人或缔约方之一而受到影响”。[②]在笔者看来，意思自治原则是合同法所遵循的理念，在不违背法律与公序良俗的前提下，每个人都有享有契约自由的权利。第三人利益合同的签订目的是要给予第三方权益，当事方的真实意思亦是如此。在第三方能够依据合同中的条款寻求救济的情形之下，当事方受到的仍是基于自己真实意思的约束，其契约自由并未因第三方的寻求救济而失去保障。

从另一个角度来看，意思自治原则是仲裁程序的一个显著特征，而不是仲裁程序的价值取向。意思自治原则确与仲裁程序密不可分，仲裁制度中许多规则都建立在意思自治原则之上，但意思自治原则并不是仲裁制度的价值取向。笔者在上文中已经详细论述过仲裁制度的价值取向为效益优先，兼顾公平，即当事方选择仲裁作为其纠纷解决机制实则是为了高效、经济且公平地解决纠纷，意思自治原则是为了达成这一纠纷解决目的所采用的方式。商事领域中出现仲裁这一制度，并不是为了实现当事人之间的意思自治，意思自治只是当事方为实现效益、公平价值的辅助。在一些特殊情况下，恪守意思自治原则会阻碍当事方对于仲裁价值的实现，尤其是在国际贸易领域内若没有效益与公平，那意思自治便没有存在的作用和价值。由此，在第三人利益合同中，仲裁协议之于第三方的扩张与意思自治原则实则是相辅相成、殊途同归的。

2. 效力扩张与合同相对性的权衡

合同关系的相对性原则是合同制度赖以建立的基础和前提，所以合同仅对双方当事人具有约束力，对第三人既不创设权力，也不设立义务，第三人也不得主张合同上的权利。[③]然而随着贸易的发展以及司法实践中的需求，在

① 叶金强：《第三人利益合同研究》，载《比较法研究》2001年第4期。

② ［美］A.L. 科宾：《科宾论合同》（上册），王卫国等译，中国大百科全书出版社1998年版，第196页。

③ 刘晓红：《论仲裁协议效力扩张的法理基础》，载《北京仲裁》2004年第1辑，法律出版社2004年版。

订约和履约过程中往往牵扯到第三方，由此合同相对性原则发展了例外规则，即在合同关系存在第三方介入的情形下，合同相对性原则不绝对排除第三方。合同相对性原则的例外发展，在第三人利益合同领域表现得尤为明显，不论是前文中提及的英国1999年《合同（第三人权利）法案》赋予第三方在特定条件下强制履行合同条款的权利，还是美国《第二次合同法重述》列明第三方的权利，都确认了第三人利益合同的第三方对合同方有请求权，且已是普通法国家的通行做法。如果否定第三方适用合同中的仲裁协议，不允许仲裁协议在真正第三人利益合同中对当事方的约束，以及在不真正第三人利益合同中对第三方的约束，则可能有碍于实体权利的救济。

3. 效力扩张与保密性的权衡

传统仲裁理论认为，除仲裁协议签署方外，他人参加仲裁程序违背了仲裁的秘密性。然而仲裁制度的保密性是相对于诉讼制度的"以公开为原则，不公开为例外"。在仲裁庭的审理过程中，"以不公开为原则，以公开为例外"，[①] 在当事人方都协商同意的情形下公开进行。当事人选择仲裁往往是出于保护商业秘密的考虑，参加仲裁的当事方、仲裁庭成员以及各方证人等都要承担不对外公布仲裁有关信息的保密义务。有学者认为，第三方加入仲裁程序会增加仲裁内容的曝光率，在一定程度上损害仲裁的保密性，有违当事人采取仲裁解决争议的初衷。[②] 但笔者认为，仲裁原则上采取不公开审理的方式，其保密性系相对诉讼程序而言，其保密的对象是与争议无关的社会公众。若因此不允许第三人利益合同中的仲裁协议扩张至第三方，则第三方有很大概率以诉讼的方式请求救济，而诉讼程序的公开相较于让第三方加入仲裁程序而言，更进一步地侵犯合同方对于争议解决的保密目的。由此，不论是真正第三人利益合同还是不真正第三人利益合同，对于合同中的仲裁协议扩张至第三方，第三方因此受到仲裁协议给予的保护或约束，于合同当事方合意以仲裁这种具有保密义务的争端解决机制而言，是经过利弊衡量的能对当事方合意进行保护的效力扩张。

（三）效力扩张的价值要求

对于第三人利益合同中的仲裁协议扩张至第三人，是效益、公正的价值

---

① 《仲裁法》第40条："仲裁不公开进行。当事人协议公开的，可以公开进行，但涉及国家秘密的除外。"

② 林一飞：《论仲裁与第三人》，载《法学评论》2000年第1期。

取向之体现。公正价值在国际商事仲裁程序中，占据着首要的价值取向。[①]学界对于仲裁程序中公正、效益价值取向的衡量，实则是在横向上以诉讼程序作比较。但笔者认为，不论是纵向比较还是横向比较，效益价值在仲裁制度的价值位阶上都应优先于公正价值，即在保证最低限度公平的基础上以效益为首要价值取向来配置法律资源和社会资源。仲裁制度作为解决争议的一种机制，其自被创设以来就带有强烈的自治性，当事方几乎可以协商关于仲裁的一些具体事项，其突破诉讼制度以公正价值优先的诸多局限，主要是为保证当事方的争议在双方都认可的相对公平基础之上高效地解决。如果不将效益列为仲裁的基本价值目标，不对仲裁的效益性价值位阶与诉讼相区分，那仲裁必将因其固有的缺陷而丧失与诉讼并肩存在的基础。[②]效益可以说是仲裁制度存在的基石，由此效益优先、兼顾公正是应有之义。

1. 效益价值下的扩张

承认第三人利益合同的仲裁协议可扩张至第三方是效益价值的体现。在真正第三人利益合同中，当事方明确为第三方设定权益，则第三方依据当事方之间明示或默示行为的存在，也有依据该合同中的仲裁协议请求救济的合理期待。同样，在不真正第三人利益合同中，当事方在订立合同时意图以高效的仲裁程序解决纠纷，若不将仲裁协议效力扩张至基于该合同请求救济的第三方，限制第三方请求救济的途径，则可能有违当事方意图迅速解决纠纷之本意。在仲裁实践中，法官或仲裁庭往往依据“合同的外观”来判断当事方达成仲裁的合意。客观合意标准简化了对当事方合意的判断，但普通法法院及仲裁庭在合同的解释上，对于主观合意也给予同样的注重。

前文有述，仲裁程序的效益价值更多是相对于诉讼程序而言的，这也是仲裁程序的立身之本。早期商人们创立并发展仲裁这一自律形式，也是为了避免冗长且程序繁杂的法院诉讼，而当事方根据意思自治原则达成合意的结果如果无助于效益价值的实现，那单单凭借意思自治原则达成的合意就失去了存在的作用与价值。完全以客观合意标准衡量当事方是否达成仲裁协议，在一些情况下会直接导致当事人之间的争议无法得到彻底解决，发生多次仲裁

---

① 张贤达：《国际商事仲裁协议效力扩张法律问题研究》，大连海事大学2018年博士学位论文，第19页。

② 谭兵、陈彬：《中国仲裁制度研究》，法律出版社1995年版，第48页。

或诉讼，专家、证人多次出庭，造成成本、时间上的大量浪费，这不仅有违仲裁程序的效益价值，使得诉讼成为彻底解决纠纷的唯一保障，同时也会造成针对同一个纠纷的多次审理，易造成判决矛盾的结果，且违反“一事不再理”的原则。仲裁既是为了更快速高效地解决问题，那第三人利益合同中的仲裁协议扩张至第三人无疑是顺应效益的价值取向。

2. 公平价值下的扩张

承认第三人利益合同的仲裁协议可扩张至第三方是公平价值的体现。《民法典》第 522 条第 2 款对于真正第三人利益合同中第三方合同履行请求权的规定，正是源于追求公平价值，而给予第三方救济来确保权利的行使。“公平合理的期待”原则要求探究合同当事方的意思，而不拘泥于文字的字面意思，从而确定一个合理的标准来推定当事人的真实意图。[①] 由此推及第三人利益合同中仲裁协议的扩张效力，系第三方基于合同项下条款获得的权益。首先，该种权益是合同方给予第三方的合理权益；其次，该种权益是当事方在满足自己权益的情况下，由一方当事人与第三方之间的法律关系产生的权益，该种权益是公平的。仲裁协议在普通法国家之所以对第三方有效，其依据是合同方的行为给予第三方权益，使得第三方产生合理期待。科宾教授在其著作中有述“拒绝给予合同非签字方救济的案件经常被认为与现存道德存在巨大的冲突”。[②] 由此，第三人利益合同中的仲裁协议效力扩张至第三方，系保证当事方与第三方的合理利益，没有不当扩大其不合理利益，是公平价值的体现。

综上所述，结合《民法典》第 522 条以及司法实践中对第三人利益合同中第三方的权益保护要求愈来愈高的情形之下，第三人利益合同中的仲裁协议，在合同方订立真正第三人利益合同时，即合同方明确为第三方设定权益且第三方享有合同履行请求权时，合同履行请求权应覆盖到仲裁协议，即给予第三方可援引合同中仲裁协议的权利，在合同方订立不真正第三人利益合同时，合同中的仲裁协议亦应起到保护当事方合意、限制第三方的救济途径的作用。第三人利益合同中仲裁协议效力的扩张既是效益、公平价值的体现，又是仲裁程序对《民法典》中赋予第三方权益的程序性保障。

---

① 刘晓红:《国际商事仲裁协议的法理与实证研究》，华东政法大学 2004 年博士学位论文。

② ［美］A.L. 科宾著:《科宾论合同》（下册），王卫国等译，中国大百科全书出版社 1998 年版，第 177 页。

（四）我国法律框架下的效力扩张

对于我国法律框架下第三人利益合同的扩张问题，笔者欲分别从真正第三人利益合同与不真正第三人利益合同的效力扩张进行论述。

1. 真正第三人利益合同之效力扩张

对于真正第三人利益合同，法律推定合同当事人为第三方设定权利符合第三人的利益，或至少不会侵害其权利。然而，法律上的推定并不能代表第三方的意思，第三方是否接受该利益应由第三方自己决定。[①]根据《民法典》第522条第2款的规定，第三方虽然可以根据合同条款获得合同履行请求权，其若在合理期限内明确拒绝，则不享有合同权利，但合同其他条款仍在当事方之间生效。对于该合理期限内第三方权利的确定，从文义解释来看，第三方的权利应是在第三人利益合同生效时即推定取得；从合同性质来看，第三人利益合同在法律构成上最大的特征在于第三人基于合同直接取得的履行请求权，[②]所以，第三方的意思表示不构成接受合同权利的前提，其合同权利自合同生效时取得，但若第三方在合理期限内拒绝接受合同权利，则合同中的仲裁协议自然不对其生效。

由此，第三方享有合同权利，并拥有合同履行请求权。请求权是实体权利，第三方可以诉讼方式或诉讼外方式行使。[③]结合前文中比较法的启示，笔者认为，我国真正第三人利益合同中仲裁协议对第三方的扩张，当事方不能仅以第三方并非仲裁协议的签署人（客观合意）而抗辩其申请仲裁的主体资格。当事方自愿将合同争议授权仲裁解决，从其行为中表明仲裁的共同意愿，[④]第三方以接受合同权利的或明示或默示的行为证明其与当事方达成仲裁协议（主观合意），第三方对合同权利的接受应包括实体权利与程序权利。由于仲裁协议与合同项下的权利义务紧密相连，当事方订立仲裁协议的首要目的也应是希望将该合同中涉及的权利义务的争议提交仲裁，而不是与另一当事方之间的争议提交仲裁。所以，基于合同事项发生的纠纷按照当事方的意愿应当适

① 王利明：《民法典合同编通则中的重大疑难问题研究》，载《云南社会科学》2020年第1期。

② 薛军：《论〈中华人民共和国合同法〉第64条的定性与解释——兼与“利他合同论”商榷》，载《法学争鸣》2010年第2期。

③ 张俊浩：《民法学原理》，中国政法大学出版社1991年版，第302页。

④ 乔欣：《仲裁协议的长臂效力——突破与扩张》，载《司法改革评论》2009年第9辑。

用合同中的仲裁协议解决，而不论提起仲裁的是当事方还是第三方。

综观客观合意与主观合意，对于我国法律框架下真正第三人利益合同中仲裁协议的效力扩张，结合《民法典》第522条第2款，第三方可以在合理期限内选择是否拒绝合同项下的权利，如果第三方没有明确拒绝，则第三方的合同履行请求权即可涵盖合同中的仲裁协议；如果第三方明确拒绝，其后则不可援引合同中的仲裁协议。

2. 不真正第三人利益合同之效力扩张

有学者认为，《民法典》第522条第1款为向第三人履行的合同，系合同的一种特殊履行方式。[①] 笔者认为应从广义上理解该款条文为不真正第三人利益合同，不真正第三人利益合同是指针对第三方而非债权人为履约对象的合同，其特征主要在于第三方不具有独立请求权，[②] 且《民法典》将该条与真正第三人利益合同并列在一个法条中，应将该款规定与第2款规定的真正第三人利益合同相对应，即为不真正第三人利益合同。不真正第三人利益合同中仲裁协议的效力扩张在一定程度上系效益、公平价值的要求，且在我国缺乏相关立法的情形下，笔者认为英国1999年《合同（第三人权利）法案》第8条，可以为我国不真正第三人利益合同中仲裁协议的效力扩张提供思路。该项规定第三方执行合同中实体条款的权利受制于该合同中的仲裁协议，即合同中的仲裁协议是不真正第三人利益合同中第三方寻求救济的先决性条件。我国无独立请求权第三人参加诉讼的依据，往往是因案件处理结果与其有利害关系，而由第三方自行申请或由法院通知参加诉讼。当第三方对以仲裁解决争议的当事方向法院申请执行异议之诉时，很可能会违背当事方订立仲裁协议的初衷，进而使得当事方基于意思自治原则达成的仲裁合意，在另一途径上又走向诉讼。在现代合同法正义理念下，尊重当事人之间合意的同时保护第三方的利益，是实现法律与道德相结合的需要。将仲裁协议效力扩张至不真正第三人利益合同中的第三方，能在保护合同当事方合意的同时，对第三方进行救济，符合效益、公平的价值取向。

---

① 薛军：《论〈中华人民共和国合同法〉第64条的定性与解释——兼与“利他合同论”商榷》，载《法学争鸣》2010年第2期。

② 王利明：《民法典合同编通则中的重大疑难问题研究》，载《云南社会科学》2020年第1期。

五、结论

第三人利益合同的目的在于为第三人设定权益,《民法典》第522条对于真正第三人利益合同中第三方的请求权加以保护，在法律明确保护第三方权益的情形之下，再严格遵循《仲裁法》第4条仲裁协议相对性，将合同中约定的程序性条款排除在第三方的请求权范围之外，对第三方的救济设置程序障碍就略显荒谬。笔者认为，对于真正第三人利益合同，在第三方拥有合同方为其设定的独立请求权时，应秉承保护第三方权益的原则，允许仲裁协议扩张至第三方，当第三方在合理期限内并未拒绝该权利时，给予第三方可以凭借仲裁协议申请仲裁的权利；对于不真正第三人利益合同，在第三方没有独立请求权时，可以借鉴仲裁制度较为成熟的普通法系国家，秉承保护合同方的原则，允许仲裁协议扩张至第三方，限制第三方基于合同项下条款请求救济的途径，即受合同项下仲裁协议的约束。第三人利益合同中，仲裁协议对于第三方的扩张，既是对效益与公平价值的要求，更是顺应经济贸易复杂化下对该价值的程序性支持。

我国投资仲裁上诉机制构建探析

——以北仲投资仲裁上诉机制为例

沈　超*

● **摘　要**

为了应对投资仲裁机制当前面临的正当性危机，国际社会从20世纪末便开始对投资仲裁上诉机制的构建进行探索。北京仲裁委员会/北京国际仲裁中心也在其最新发布的投资仲裁规则中设计了上诉机制。北仲采用的“选择性”上诉机制、上诉事由限于法律审和有限的事实审、对上诉程序的时限控制以及对不当程序拖延的上诉费用惩戒是其规则设计的亮点之处。但是北仲未能将上诉和初裁仲裁员的资质予以区分，且其所允许的兼职仲裁员制度可能产生利益冲突问题。中国未来对投资仲裁上诉机制进行设计时应该将上诉和初裁仲裁员的资质予以区分，且应采用全职仲裁员设计。与此同时，为了平衡投资仲裁上诉机制的公平和效率价值，中国一方面可以借鉴北仲的做法，另一方面也可以对挑战仲裁员程序加以明确的时间限制并排斥上诉仲裁庭发回重审权。

● **关键词**

投资仲裁　正当性危机　上诉机制

---

* 沈超，上海对外经贸大学法学院2018级国际法专业硕士研究生。

Abstract: In order to cope with the current legitimacy crisis of investment arbitration mechanism, the international community has been exploring the construction of appellate mechanism for investment arbitration since the end of the 20th century. The BAC also designed an appellate mechanism in its latest investment arbitration rules. BAC's choice of the "selective" appellate mechanism, the limitation of appeal grounds to legal trials and limited factual trials, the time control over appeal procedures and the punishment of appeal costs for improper delays in appeal procedures are the highlights of its rule design. However, the BAC fails to distinguish the qualification of the appellate arbitrators from that of the preliminary arbitrators, and the permitted part-time arbitrators may cause conflicts of interest. In China's future design of appellate mechanism for investment arbitration, the qualifications of appellate arbitrators and preliminary arbitrators should be distinguished, and the design of full-time arbitrators should be adopted. In order to balance the fairness and efficiency value of the appellate mechanism for investment arbitration, China can learn from the BAC's practice on the one hand, and on the other hand, it can also impose a clear time limit on procedures of challenging an arbitrator and deprive the appellate tribunal of the power to refer issues back.

Key Words: investment arbitration, legitimacy crisis, appellate mechanism

一、投资仲裁上诉机制提出的背景和实践

在经济全球化不断深入的背景下，国际投资也日渐活跃，随之而来的便是国际投资争端的逐年递增。投资者和东道国之间的投资争端因其具有国家这一特殊主体的参与，从而成为众多国际投资争端中最难处理和最具有争议的一类。截至2020年1月8日，全球共有983个投资者——东道国纠纷案件。[①] 为

① UNCTAD, INVESTMENT DISPUTE SETTLEMENT NAVIGATOR, at https://investmentpolicy.unctad.org/investment-dispute-settlement (Last visited on January 8, 2020).

了解决众多的投资者和东道国之间的投资争端，投资者——东道国争端解决（Investor-State Dispute Settlement，ISDS）机制被国际社会所广泛应用。国际投资仲裁虽有效地解决了许多投资争端，但是其自身所存在的各种问题也逐渐暴露出来。例如，仲裁员的独立性与公正性存疑、仲裁裁决缺乏一致性和可预见性、仲裁裁决缺乏有效的纠错机制。正如一位学者所言："在国际投资争端解决领域产生过积极效用的投资仲裁机制目前正经历着'成长的痛苦'。"[①]

现行投资仲裁机制面临的正当性危机使得对其改革势在必行，为了解决投资仲裁面临的正当性危机，各个主权国家和有关国际组织提出了诸多解决办法，而构建投资仲裁上诉机制便是其中的一种。从 1984 年的克劳克纳公司等诉喀麦隆案[②]开始，国际社会便出现了构建投资仲裁上诉机制的声音。在该案中，当事人首次启动了仲裁裁决撤销程序，专门的特别撤销委员会虽然一致决定撤销该案的仲裁裁决，但是其依据的是《华盛顿公约》第 52 条第 1 款规定的仲裁庭适用法律不当和陈述理由不当，而对该案中存在的严重公正性缺失却置若罔闻。这在当时引起了各界的巨大反响，国际社会对 ISDS 机制是否真正兼顾了公平和效率展开了激烈的讨论。当时，便有人提出建立国际投资仲裁上诉机制来弥补 ISDS 机制所存在的缺陷，但是该建议并没有引起学界和实务界的广泛讨论和关注。[③]自那以后，诸如 OECD、ICSID、美国以及欧盟等国际组织和主权国家纷纷对构建投资仲裁上诉机制进行了探索和实践。

OECD 曾在 1995 年 5 月至 1998 年 4 月进行了对多边投资协定（Multilateral Agreement on Investment，MAI）的商定。在这过程中，MAI 的草案中提出可以通过上诉机制来对国际投资仲裁裁决进行审查。1998 年 2 月，法国代表在谈判过程中提出应当将上诉机制包含在 ISDS 机制当中，其给出的理由是一个完善的上诉机制可以使仲裁员对相同或者相似条款作出统一的解释，以减少仲裁裁决不一致的发生。当时，资本输出国家和资本输入国家之间的界限比较明显，且两者之间的利益矛盾也无法调和。在很多发展中国家眼中，MAI

---

① Susan D. Franck, "Development and Outcomes of Investment Treaty Arbitration", 50 *Harvard International Law Journal*, 474（2009）.

② Klöckner Industrie-Anlagen GmbH and others *v.* United Republic of Cameroon and Société Camerounaise des Engrais, ICSID Case No. ARB/81/2.

③ 参见汪梅清、吴岚：《欧盟主导的投资法庭上诉机制及其对中欧投资争端解决机制的借鉴意义》，载《国际商务研究》2019 年第 6 期。

草案对于投资者的利益保护过多，而对东道国的利益保护较少，因此各方考虑到仲裁裁决的效率问题、仲裁一裁终局的性质以及仲裁成本等问题，最终未能达成一致意见。[①]

2002 年，美国国会出台了《贸易促进授权法案》，该法案要求对当时的 ISDS 机制进行完善，同时借鉴了 WTO 的上诉机制，把建立投资仲裁上诉机制作为一个改革的目标。在该改革目标明确后，美国便在 2003 年 5 月和 2003 年 6 月分别与新加坡和智利签订的自由贸易协定中规定了考虑建立投资仲裁上诉机制的问题。例如，在美国和智利的自由贸易协定附件 10-H 中规定："缔约国在本协定生效之日后三年内需要考虑是否建立一个双边的上诉机构或类似的上诉机制，从而对根据第 10.25 条在上诉机构或者是类似的上诉机制建立后开始的仲裁裁决进行审查。"[②] 美国在其 2004 年 BIT 范本第 28 条第 10 项和附件 D 中规定了其与新加坡和智利签订的自由贸易协定中相类似的投资仲裁上诉机制条款，其目的是希望通过与更多国家签订 BITs，来使其他国家接受建立投资仲裁上诉机制的主张。在美国最新的 2012 年 BIT 范本中，相似的投资仲裁上诉机制条款仍然被保留了下来。美国寻求构建投资仲裁上诉机制的想法对其他国家产生了实质性的影响，加拿大、韩国和澳大利亚等国家也开始在其对外签订的 BITs 中纳入构建投资仲裁上诉机制的想法。

在发现 ISDS 机制存在一系列问题之后，ICSID 秘书处于 2004 年 10 月 22 日公布的《ICSID 仲裁框架之可能改进》讨论稿中宣布其将建立一个可选择的、具有普遍性的投资仲裁上诉机制。该上诉机制将对仲裁裁决进行实体和程序的双重审查，以此来保证仲裁裁决的相对一致性。该讨论稿的最后一部分探讨了构建投资仲裁上诉机制的利弊并在其附件中设计了较为具体的规则，涵盖了适用范围、上诉机构、上诉对象、上诉理由、救济途径和费用等问题。不幸的是，这个讨论稿一经宣布，就遭到了很多学者和国家的反对。于是在 2005 年 5 月，ICSID 秘书处在新一轮的修改建议稿中指出构建投资仲裁上诉机制的时机还不够成熟，一些政策和技术方面的问题还不能被有效地解决，

① OECD, SELECTED ISSUES CONCERNING DISPUTE SETTLEMENT, at http://www.oecd.org/daf/mai/pdf/eg1/eg1961e.pdf（Last visited on January 13, 2020）.

② David A. Gantz, "The Evolution of FTA Investment Provisions: From NAFTA to the United States – Chile Free Trade Agreement", 19 *American University International Law Review*, 762（2004）.

便将构建投资仲裁上诉机制的计划予以无限期地搁置。

欧盟在 2015 年与美国进行《跨大西洋贸易和投资伙伴关系》（Transatlantic Trade and Investment Partnership，TTIP）协定的谈判过程中提出，应该设立一个包含初审法院和上诉法院的投资法庭系统（Investment Court System，ICS），并在 TTIP 的投资章节草案中对 ICS 机构如何设置、怎样运行以及具体的程序规则进行了详细的设计。该想法很快被付诸于欧盟的其他条约实践中，在 2016 年 1 月公布的《欧盟—越南自由贸易协定》（European Union-Vietnam Free Trade Agreement，EVFTA）中，ICS 便被纳入其中。大约一个月后，欧盟又以法律检视为由与加拿大更新了双方在 2014 年签订的《加拿大—欧盟全面经济和贸易协定》（Comprehensive Economic and Trade Agreement，CETA），更新后的 CETA 文本中也纳入了 ICS。

我国国内的仲裁机构从 2016 年逐渐开始出台有关国际投资仲裁的仲裁规则并提供受理投资仲裁案件的相关服务。2016 年深圳国际仲裁院发布了《深圳国际仲裁院仲裁规则》，该仲裁规则明确载明深圳国际仲裁院自 2016 年 12 月 1 日起可以受理一国政府和他国投资者之间的投资争议仲裁案件。[①] 深圳国际仲裁院首开先河，成为我国（除港澳台地区）第一家宣布可以受理国际投资仲裁案件的仲裁机构。2017 年中国国际经济贸易仲裁委员会发布了《中国国际经济贸易仲裁委员会国际投资争端仲裁规则》，这是我国国内仲裁机构出台的首部专门关于投资仲裁的仲裁规则。[②]

北京仲裁委员会 / 北京国际仲裁中心（以下简称北仲）在 2018 年 7 月专门成立了北仲投资仲裁规则课题小组，目的是为投资仲裁机制的改革提供一份“中国方案”。在 2019 年 2 月 11 日，北仲在其官网发布了《关于〈北京仲裁委员会 / 北京国际仲裁中心国际投资仲裁规则（征求意见稿）〉公开征求意见的公告》，向境内外的专家学者、律师和所有的仲裁用户征求意见。[③] 最终，北仲于 2019 年 7 月 4 日召开了第七届委员会第四次会议，并在会上讨论通过

---

① 深圳国际仲裁院：《深圳国际仲裁院仲裁规则》，http://www.scietac.org/Home/Index/rule/id/798.html，最后访问时间：2020 年 2 月 1 日。

② 中国国际经济贸易仲裁委员会：《中国国际经济贸易仲裁委员会国际投资争端仲裁规则（试行）》，http://www.cietac.org/index.php?m=Page&a=index&id=389，最后访问时间：2020 年 2 月 1 日。

③ 北京仲裁委员会：《关于〈北京仲裁委员会 / 北京国际仲裁中心国际投资仲裁规则（征求意见稿）〉公开征求意见的公告》，http://www.bjac.org.cn/news/view?id=3369，最后访问时间：2020 年 2 月 1 日。

了《北京仲裁委员会 / 北京国际仲裁中心国际投资仲裁规则》（以下简称投资仲裁规则）。北仲明确表示该投资仲裁规则会于2019年10月1日起正式施行。

该投资仲裁规则自开始起草至最终通过审议止，花费了长达一年多的时间，并经过了多次论证和反复修订。其经历了第一轮的论证座谈会、第二轮的书面论证、第三轮的公开征求意见和第四轮的书面论证，最终才予以定稿。据北仲称，最终版本的投资仲裁规则是吸纳了将近70家单位和个人的意见，并且经过九次之多的修订以后所形成的。①

二、北仲对投资仲裁上诉机制的构建

北仲投资仲裁规则的一个亮点之处便是其对于投资仲裁上诉机制的构建。该投资仲裁规则明确规定，当事人可以对仲裁庭作出的投资仲裁裁决申请上诉。不同于欧盟之前提出的ICS机制，北仲在投资仲裁机构内部设置了投资仲裁上诉机制，这种做法在国内是史无前例的。对该投资仲裁规则进行分析后可以发现其确实有许多值得称赞的革新和优势，但是其仍然存在一些问题有待解决。

（一）北仲投资仲裁上诉机制的革新与优势

北仲投资仲裁规则中采用的“选择性”上诉机制更加具备现实性和灵活性，对上诉事由限定为法律审和有限的事实审并对上诉程序的时限控制让上诉机制在满足公平价值的同时也关注到了仲裁的效率价值，其对当事方不当程序拖延的上诉费用惩戒也可以进一步提升投资争端解决的效率。

1.“选择性”上诉机制更具现实性和灵活性

国际社会对应该采取“选择性”的上诉机制还是“无法排除”的上诉机制有很多争论。所谓“选择性”的上诉机制，就是指必须得到各方的同意才能够上诉，否则仲裁庭作出的裁决就是终局裁决。而“无法排除”的上诉机制指的是无须各方同意，只要有一方当事人的意愿即可提起上诉。例如，TTIP的投资章节草案中规定任何纠纷的当事人包括申诉方即投资者和被申诉方即东道国均有权在90天之内就初审仲裁庭所作出的仲裁裁决提起上诉申请。②

---

① 北京仲裁委员会：《〈北京仲裁委员会 / 北京国际仲裁中心国际投资仲裁规则〉制定说明》，http://www.bjac.org.cn/news/view?id=3543，最后访问时间：2020年2月1日。

② TTIP Chapter 2 Article 28.6.

北仲对此的回应是坚持“选择性”的上诉机制。根据北仲发布的投资仲裁规则附录5第1条第1款第3项的规定，上诉程序的启动是以双方对提起仲裁裁决上诉申请达成一致为前提条件的。这意味着如果有一方不同意提起上诉申请，那么便不能对该仲裁裁决进行上诉审查。

正如前文所述，国际社会对投资仲裁上诉机制的探索已有很长一段时间，但是始终没有取得很好的成效。投资仲裁上诉机制改革的举步维艰，也从一个侧面反映了一部分国家仍然对上诉机制有所质疑。“无法排除”的上诉机制会让那些持保守态度的国家对投资仲裁上诉机制的改革更加的谨慎。因此，采用“选择性”的上诉机制比采用“无法排除”的上诉机制更具现实可行性。

国际社会对“选择性”的上诉机制还是“无法排除”的上诉机制之争，其实是在效率价值和公平价值之间的一场博弈。若采用“无法排除”的上诉机制，则可能导致价值的天平过分倾向于公平价值，从而忽视了国际投资仲裁所要追求的效率价值。“无法排除”的上诉机制也可能会产生滥诉问题，败诉方可能利用该机制来拖延仲裁裁决的生效。这会让仲裁的效率价值进一步受到损害，从而让国际投资争端久拖不决，这对胜诉方而言也是不公平的。[①]

北仲所采用的“选择性”的上诉机制则较为灵活，是否上诉完全取决于双方当事人的合意。将效率价值和公平价值的取舍这道难题交由国际投资争端的双方当事人来决定是再好不过的。当事人是最了解案件情况和自己的真实需求的，所以其肯定会判断上诉机制是否真正适合自己的案件。如果双方当事人希望寻求上诉机制来确保能够得到一个相对公平的、具有一致性的仲裁裁决，并愿意承担上诉机制所需要的时间和金钱成本，那么双方当事人便可以将案件提交上诉仲裁庭审查。若双方当事人更想追求仲裁裁决的效率价值，那么也可以选择不将初裁裁决提交上诉程序。“选择性”的上诉机制将是否上诉的权利交给了双方当事人的合意解决，而不是让一方当事人被迫接受强加的上诉机制，这正是“选择性”上诉机制的灵活性之体现。

2. 上诉事由限于法律审和有限的事实审

对上诉事由的确定是构建投资仲裁上诉机制中非常重要的一个环节。北仲在其发布的投资仲裁规则附录5第3条规定了三类上诉事由：（1）仲裁裁决对适用法律或法律规则的适用或解释存在错误；（2）仲裁裁决对事实的认定

① 参见罗芳：《论“选择性”ICSID上诉机制的构建》，载《西部法学评论》2017年第1期。

存在明显且严重的错误；（3）本会或仲裁庭对案件缺乏管辖权，或仲裁庭超越其权限。由此可以看出，北仲对上诉事由的范围限定于法律审查和事实审查，而事实审查仅限于对仲裁裁决中存在的明显而且严重的事实错误进行。

对于投资仲裁上诉机制的上诉事由应该包含对初裁仲裁庭的法律审查在实践中一般不会产生太多的争议，但是关于是否应当把事实问题纳入上诉审查事由在实践中则产生了不少的分歧。有学者认为，如果设立上诉机制是为了保证案件的一致性和可预测性，那么就应该只对案件中的法律问题进行审查，否则该机制在实践中极有可能被当事方寻求二次救济的私人目的所利用，从而来拖延裁决的生效。[①] 例如，WTO 的上诉小组仅仅对专家组报告中涉及的法律问题和专家组对一些法律的解释进行审查。根据 DSU 第 17 条第 6 款的规定，上诉机构只对专家组报告中涉及的法律问题以及当事方对专家组法律解释提出的异议进行审理，而不能对案件的事实问题进行审查。[②] 上诉事由若仅限于法律审查虽然有利于提升案件的处理效率，但是却忽视了法律问题和事实问题的内在联系。正如一位学者所说："当今世界那些最吸引人的并且最具有影响力的国际投资法领域的问题所涉及的不单单是事实问题，也不仅仅是法律问题，而是事实问题和法律问题二者的混合物。"[③] 法律问题往往是由相关的事实问题所引起的，如果事实认定存在严重错误的情况下，那将很有可能导致法律问题的判断也会产生错误。

事实问题和法律问题的交织在国际投资争端中会更加明显。这是因为在国际投资争端中，首先需要对案件中存在的数量庞大且复杂的事实问题进行认定，而且很多存在于投资条约中的条款也需要放在大量的事实中去认定。因此如果投资仲裁上诉机制仅仅对法律问题进行审查是不合理的。在 Klockner *v.* Cameroon、Amco *v.* Indonesia、MINE *v.* Guinea、Vivendi *v.* Argentina 和 Wena Hotels *v.* Egypt 等案件中，仲裁裁决审查的局限性便暴露无遗。[④] 因此投资仲

---

① See Luca Pantaleo, "Investment Disputes under CETA: From Gold Standards to Best Practices?", 28 *European Business Law Review*, 163-184 (2017).

② DSU Article 17.6.

③ 徐崇利:《公平与公正待遇：真义之解读》，载《法商研究》2010 年第 3 期。

④ See Thomas W. Walsh, "Substantive Review of ICSID Awards: Is the Desire for Accuracy Sufficient to Compromise Finality", 24 *Berkeley Journal of International Law*, 444-462 (2006).

裁上诉机制的审查范围应该包含对事实问题的审查。

而如果要对事实问题进行审查，那么投资仲裁上诉机制应该是对所有的事实问题进行审查，还是只针对部分事实问题进行审查，北仲给出的回应是后者。审查思路的不同决定了上诉事由的差异，这两种审查方式各有优劣。第一种方式扩大了审查的范围并赋予仲裁庭更多的审查权力，以此来达到全面审查的效果。这样虽然可以使仲裁庭得到一个更加经得起推敲的仲裁裁决，但是其存在的一个巨大的缺点便是会大幅度增加仲裁程序所需要的时间和金钱成本，造成上诉程序的过分拖延并减损仲裁的优势。而第二种方式则显得更加合理，只有当初审仲裁庭作出的裁决对事实的认定不符合客观理性标准的时候，上诉仲裁庭才会对该存在严重错误的事实认定进行审查。有学者认为，对于国际投资争端双方来说，将事实错误引入上诉机制就像是打开了“潘多拉的魔盒”，为了证明初审仲裁庭的事实认定存在错误，争端双方都可以提交大量的事实证据，这些证据有可能是在初裁裁决时提出的，也有可能是新的事实证据。[①] 北仲发布的投资仲裁规则则很好地解决了这个问题，由于上诉仲裁庭只对明显且严重的事实认定错误进行审查，双方当事人便不会提交过多的事实材料，其会挑选对证明初审仲裁庭事实认定存在严重错误有帮助的证据提交给上诉仲裁庭。北仲采取的法律审和有限的事实审相结合的上诉事由很好地平衡了投资仲裁的效率价值和公平价值。通过限制事实审查的范围，成功避免了上诉机制成为效率低下的重复审查和沦为当事方滥诉的工具，同时也能达到公正审判的目的。

3. 对上诉程序的时限控制

反对投资仲裁上诉机制的一个重要的理由便是：投资仲裁本身便已经非常耗时，如果在此基础上再加一个上诉机制，可能会使得冗长的程序变得更加的旷日持久。以 ICSID 的裁决撤销机制为例，有学者统计出，裁决撤销案件从开始申请登记到最后撤销决定的作出，平均时间为 26 个月，而申请撤销裁决的案件只占据了 ICSID 全部审理案件的 11%。[②] 由此可见，投资仲裁上诉机

① See David A. Gantz, “An Appellate Mechanism for Review of Arbitral Decisions in Investor-State Disputes: Prospects and Challenges”, 39 *Vanderbilt Journal of Transnational Law*, 39-76 (2006).

② 参见唐海涛、邓瑞平：《欧盟模式 ISDS 上诉机制：革新与兼容性论析》，载《湖北社会科学》2019 年第 9 期。

制的设计应该关注仲裁裁决的效率价值，这样才能吸引更多的国际投资争端当事方将仲裁裁决提交上诉仲裁庭审查。北仲正是抓住了国际投资争端双方的真实需求，在其发布的投资仲裁规则中限缩了选定仲裁员阶段和正式仲裁程序所需的时间，这对于投资仲裁上诉机制的构建有重要意义。

第一，限缩选定仲裁员阶段的时间。北仲发布的投资仲裁规则附录5第2条第2款中规定上诉当事人应该：（1）在收到上诉程序开始的通知后15日内分别选定或委托主任指定一名上诉庭成员；（2）在被上诉人收到上诉程序开始的通知后30日内共同选定或共同委托主任指定第三名上诉庭成员。投资仲裁规则还规定如果上诉当事人没有按照前款规定选定或者指定上诉庭成员，那么上诉庭成员将由主任指定。北仲在选定仲裁员阶段对国际投资争端当事方的意思自治设置了一个合理的时间限制，这有助于实现仲裁裁决的效率价值。

与国内法院可以在立案后几个小时之内或者立案时自动指定法官审理案件不同，仲裁庭组成往往需要更多的时间，指定仲裁员所需要的时间被认为是投资仲裁案件审理过程中最耗时的三大因素之一。[①] 仲裁庭组成的时间较久被视为国际投资争端当事方的意思自治所要付出的代价，很多当事方把指定仲裁员的权利看作仲裁的一个优势。但是国际投资争端当事方享有选择仲裁员的权利并不意味着选定仲裁员阶段的时间就应该持续过长，仲裁的效率价值也应该被考虑其中。在北仲的投资仲裁规则下，上诉仲裁庭最迟也会于被上诉人收到上诉程序开始的通知后的30日内组成。北仲的做法不是对争端当事方意思自治权利的损害，而是敦促争端当事方尽快行使自治权，不要成为一个在权利上的“睡眠者”。

第二，限缩正式仲裁程序的时间。从组成仲裁庭开始到庭审的结束直至最后裁决的作出这个正式的仲裁程序是上诉程序中最为关键和核心的阶段。投资仲裁上诉机制的设计若要提高正式仲裁程序的效率，便应该在正式仲裁程序所需的时间上面下功夫。对此，北仲在投资仲裁规则中给出的回应是限缩提交陈述的期限和裁决作出的期限。

限缩提交陈述的期限。北仲投资仲裁规则附录5第5条第2款规定：除非

① UNITED NATIONS, REPORT OF WORKING GROUP III（INVESTOR-STATE DISPUTE SETTLEMENT REFORM）ON THE WORK OF ITS THIRTY-FOURTH SESSION, at https://undocs.org/en/A/CN.9/930/Rev.1（Last visited on February 16, 2020）.

上诉当事人另有约定，上诉人应该从收到上诉程序开始的通知之日起 15 日内提交上诉人陈述，被上诉人应该从收到上诉人陈述之日起 30 日内提交被上诉人陈述。书面陈述的提交是仲裁程序中比较耗时的一部分，现实中存在的一个问题便是双方提交书面陈述的用时过长。北仲的投资仲裁规则则很好地解决了这个问题，其对国际投资争端双方提交陈述的期限进行了一定限制。这种时间限制会促进争端双方更加迅速和积极地去回应对方的陈述，也会使得双方的陈述更加集中在案件的焦点问题上。这样便有利于上诉仲裁庭用更短的时间去解决双方的投资争端，以此来提高上诉机制的效率。

限缩裁决作出的期限。北仲投资仲裁规则附录 5 第 8 条第 1 款规定：上诉庭应该在组庭之日起 90 日内作出上诉裁决。本会可以应上诉庭的要求延长该时限，但是延长的时限不能超过 30 日。上诉当事人同意上诉庭延长期限的不受前述限制。从该规定可以看出，除非上诉当事人一致同意延长上诉期限，北仲的上诉仲裁庭最迟将于组成仲裁庭之日起 120 日内作出最终的仲裁裁决。该规定在一定意义上借鉴了 EVFTA 和 CETA 中对于上诉机构审理期限的规定。EVFTA 规定了上诉案件应该在 180 日之内作出最终的仲裁裁决，如果上诉仲裁庭确实无法在这个期间内作出裁决，那么应在书面告知理由后延长审理期限至不超过 270 日。[①] 北仲的规定则更为细致，其明确规定了 90 日或者是 120 日裁决作出期限的起算节点为组成仲裁庭之日。北仲对裁决作出期限的限制会让仲裁员更加高效地解决国际投资争端，从而提升投资争端解决的效率。

4. 对不当程序拖延的上诉费用惩戒

上诉费用是一个非常具有现实意义的问题，它不仅关系到国际投资争端当事方的切身利益，同时也会影响国际社会对投资仲裁上诉机制的接受程度。投资仲裁上诉机制的构建在很大程度上会带来投资争端双方仲裁费用的增加，因此投资仲裁上诉机制在构建过程中应考虑怎样减少那些不必要的上诉费用。北仲对此作出了很好的回应，除上文提到的对上诉程序的时限控制和对上诉事由限于法律审和有限的事实审外，其对在上诉程序中进行不当拖延的当事方进行一定程度的惩戒也能减少不必要的上诉费用并提升上诉程序的效率。

北仲在其发布的投资仲裁规则附录 5 第 9 条的第 7 项和第 10 项中规定上

---

① EVFTA Article 28.5.

诉庭可以应一方当事人的请求或者依其自行决定，根据各方当事人对上诉程序的高效快捷进行所作出的贡献：（1）在上诉裁决中确定各方当事人应该承担的上诉费用的比例和相应的金额；（2）裁定由一方当事人全部或者部分承担对方当事人发生的包括但不限于代理费用在内的其他任何合理费用。在投资仲裁案件中，双方当事人都会试图最大化地利用仲裁程序来获得相对的优势。投资仲裁上诉机制的存在可能会被某些不怀好意的国际投资争端当事方利用来进行程序的拖延，如败诉方故意利用上诉程序来拖延初裁裁决的生效、坚持不具有利益的诉请或安排很多不必要的证人等。国际投资争端一方当事人若采用前述方式进行程序上的拖延势必会导致上诉费用的进一步增加，这对于投资争端中的中小企业投资者或者一些发展中国家来说是一项沉重的负担。而北仲的做法很好地限制了国际投资争端当事方利用上诉机制进行程序上的拖延，通过赋予上诉庭在上诉费用和当事人所支出的合理费用方面进行分摊的权利，可以有效地对那些不当利用上诉程序者进行惩戒并减少国际投资争端一方因受另一方不当拖延上诉程序所带来的经济负担。北仲的做法不会对国际投资争端当事方的程序性权利造成损害，投资争端当事方仍然可以提出申请，由于上述条款的存在，投资争端当事方不会故意提出一些不必要的甚至是虚假的申请，这同时也有助于上诉程序的快速进行。

（二）北仲投资仲裁上诉机制的不足

北仲投资仲裁上诉机制虽然具有上述的革新与优势，但是北仲投资仲裁规则中未能将上诉仲裁员的资质和初裁仲裁员的资质予以区分，且该投资仲裁规则所允许的兼职仲裁员制度有可能将产生利益冲突问题。

1. 未能区分上诉和初裁仲裁员的资质

上诉仲裁员的资质直接决定了投资仲裁上诉裁决的质量，并会进一步影响国际社会对投资仲裁上诉机制的接受程度。① 仲裁员的资质对于投资仲裁上诉机制来说非常重要，需要保证其独立性，且不应有偏见并具有高度法律意识。

北仲发布的投资仲裁规则附录5第2条第1款中规定上诉庭的成员应该从《北京仲裁委员会/北京国际仲裁中心国际投资争端仲裁员名册》中选定或者是指定。该投资仲裁规则并没有将上诉仲裁员的资质和初裁仲裁员的资质予以区分。北仲的做法和CETA的做法相似，CETA对上诉庭成员的资质要求

① 参见刘瑛：《投资者—东道国争端解决机制海外研究综述》，载《国外社会科学》2018年第6期。

和常设仲裁庭基本相同，其要求仲裁员具有担任国内“司法官员”的能力或者本身是优秀的法学家即可。[①] 投资仲裁上诉机制构建的一个目的便是促进裁决的一致性，这也意味着上诉仲裁庭本身的存在会对初裁仲裁庭产生约束的效果。上诉仲裁庭作出的裁决会对初裁仲裁庭产生一定的指导或者是借鉴意义，进而提升初裁仲裁庭的裁决质量。北仲的投资仲裁规则会带来一个问题，那便是上诉仲裁员的资质和初裁仲裁员的资质没有任何区别，但是上诉仲裁员却要纠正初裁仲裁员可能犯下的错误。这难免会让人对上诉仲裁庭作出的仲裁裁决的说服力和权威性产生质疑。

2. 兼职仲裁员利益冲突问题

在北仲投资仲裁规则下，国际投资争端当事方是可以在上诉机制中选定兼职仲裁员担任上诉庭成员的，这便会带来仲裁员身份冲突的问题。仲裁员的身份冲突指的是作为仲裁员的身份和其他身份之间产生冲突，从而影响仲裁程序的进行以及双方争端的解决。而在所有的仲裁员身份冲突当中，现行投资仲裁中最普遍存在的现象是仲裁员和律师身份重合所形成的冲突。对于仲裁员和律师身份重合所形成的冲突又可以细分为两种类型：一种是作为仲裁员和律师的两起仲裁案件的当事方之一相同；另一种便是作为仲裁员和律师的两起案件的当事方完全不同。[②] 对于第一种类型的身份重合所形成的利益冲突较为明显，也已经被相关规则所规制，如国际律师协会发布的《国际仲裁利益冲突指引》。而第二种类型的身份重合所形成的利益冲突比较隐蔽，国际投资争端当事方往往会忽视。

具有仲裁员和律师双重身份的人在其作为投资仲裁案件的仲裁员时作出的仲裁裁决具有一定的商业价值，其在仲裁裁决中或多或少体现出来的偏好会让其从仲裁员身份转换为律师身份时获利。这便是第二种类型的身份重合所形成的隐蔽的利益冲突，这种冲突无疑会影响仲裁裁决的公正性。即使仲裁员非常自律而不受这种冲突的影响，但是若在制度中允许这种利益冲突的存在会让国际社会对上诉裁决的公正性产生怀疑。其实，目前已有不少学者意识到了这种利益冲突的严重性。例如，前 ICSID 的秘书长 Roberto Dañino 曾指出：ICSID 仲裁中存在的仲裁员兼任律师或代理人的行为在某种意义上构

① CETA Article 8.27.

② 参见于湛旻：《论国际投资仲裁中仲裁员的身份冲突及克服》，载《河北法学》2014 年第 7 期。

成了利益冲突。[①] 前任国际法院的大法官 Thomas Buergenthal 也在其发表的文章中表示仲裁员如果兼任律师或者是代理人将引起正当程序问题，进而对投资争端解决的法治化产生相当大的阻碍。[②] 所以，北仲投资仲裁规则中所允许的兼职仲裁员制度带来的利益冲突问题是应该予以重视的。

三、借鉴与完善北仲投资仲裁上诉机制

北仲构建的投资仲裁上诉机制对于现阶段投资仲裁机制存在的种种问题给予了有效回应。不管是中国和德国签订的双边投资协定，还是中国和澳大利亚签订的自由贸易协定，抑或中国向 UNCITRAL 第三工作组提交的意见书，从中国现阶段的实践可以发现中国对于投资仲裁上诉机制的构建是持积极态度的。中国未来对投资仲裁上诉机制进行设计的时候可以借鉴北仲的做法并加以完善，应该将上诉仲裁员的资质和初裁仲裁员的资质予以区分，且应该将上诉仲裁员设计成一个全职的职位以防兼职仲裁员制度可能带来的利益冲突问题。与此同时，对于投资仲裁上诉机制构建可能导致的投资仲裁程序效率价值减损的问题，中国需要通过适当的规则设计来避免此种程序负担的产生。中国一方面可以采用北仲的一些做法来保证投资仲裁程序的效率价值，另一方面也可以通过对挑战仲裁员程序加以明确的时间限制并在上诉机制中排斥上诉仲裁庭发回重审的权力以达到相同的目的。

（一）现阶段中国对投资仲裁上诉机制的立场

在中国签订的国际投资协定中，其实已经有双边投资协定和自由贸易协定制定了与潜在上诉机制进行对接的条款。中国与德国在 2003 年重新签订的双边投资协定第 9 条第 4 款规定：专设仲裁庭作出的任何裁决都应是终局的，具有约束力。依据上述公约的程序所作出的裁决应是具有约束力的且只受公约规定的上诉或补救措施的影响。[③] 该条款表明中国可以接受《华盛顿公约》下

---

① OECD, MAKING THE MOST OF INTERNATIONAL INVESTMENT AGREEMENTS: A COMMON AGENDA, at http://www.oecd.org/investment/internationalinvestmentagreements/36053800.pdf (Last visited on February 17, 2020).

② See Thomas Buergenthal, "Proliferation of Disputes, Dispute Settlement Procedures and Respect for the Rule of Law", 22 *Arbitration International*, 495–500 (2006).

③ Agreement between the Federal Republic of Germany and the People's Republic of China on the Encouragement and Reciprocal Protection of Investments Article 9.4.

上诉措施的约束。中国和澳大利亚于2015年签订的自由贸易协定中对上诉机制的谈判进行了规定，该自由贸易协定的第九章第23条规定：自本协定生效之日起3年内，双方应启动谈判，以期建立上诉审查机制，审查在此上诉审查机制建立后依据本章第22条所作出的仲裁裁决，此上诉审查机制将审理有关法律问题的上诉。[①]

2019年7月，中国向UNCITRAL第三工作组提交了其关于“投资人与国家间争端解决制度可能的改革”的意见书。在该意见书中，中国明确表示为解决投资者与国家间争端解决机制存在的主要问题，其支持对常设上诉机制改革方案进行研究。[②]中国在该意见书中进一步指出若在国际条约下构建常设上诉机制并对有关的程序、机构以及人员予以明确后，可以推进投资仲裁的法治化进程。

不管是中国和德国签订的双边投资协定，还是中国和澳大利亚签订的自由贸易协定，抑或中国向UNCITRAL第三工作组提交的意见书，在这些文件的字里行间中可以发现中国对投资仲裁上诉机制的构建是持积极态度的。

（二）完善上诉仲裁员制度

中国未来对投资仲裁上诉机制中的仲裁员制度进行设计的时候应该将上诉仲裁员的资质和初裁仲裁员的资质予以区分，且应该将上诉仲裁员设计成一个全职的职位以防兼职仲裁员制度可能带来的利益冲突问题。

1. 区分上诉和初裁仲裁员的资质

为了保证上诉仲裁庭作出的仲裁裁决的说服力和权威性，可以借鉴EVFTA和TTIP中的规定适当提高上诉仲裁员的资质。EVFTA[③]和TTIP[④]草案中对上诉庭成员的选任标准规定为上诉庭成员应该具备担任国内“最高司法官员”的资质或者本身是优秀的法学家。中国在投资仲裁上诉机制中对上诉仲裁员资质的要求可以参考EVFTA和TTIP草案中“高配”版的上诉仲裁员

---

① Free Trade Agreement between the Government of Australia and the Government of the People's Republic of China Chapter 9 Article 23.

② *Possible reform of investor-State dispute settlement（ISDS）, Submission from the Government of China*, UN General Assembly Document A/CN.9/WG.III/WP.177, Jul. 19, 2019, p.4.

③ EVFTA Article 13.7.

④ TTIP Chapter 2 Article 10.7.

的标准，其可以规定上诉仲裁员应该具备其国籍国最高司法机构法官的专业能力和职业素养，或者属于公认的专业能力突出的法学家。这种差异化的规定才能让上诉仲裁庭作出的裁决更加让人信服，从而让国际社会树立对投资仲裁上诉机制构建的信心。

2. 采取全职仲裁员设计

投资仲裁上诉机制构建的一个目的便是解决仲裁员公正性的问题，而兼职仲裁员若担任上诉庭成员会引起对仲裁员公正性的质疑。因此为了解决这个问题，中国可以参考欧盟的意见将上诉仲裁员设置成一个全职的职位，禁止上诉仲裁员肩负其他诸如律师等涉及报酬或者是政治的职位。欧盟在2019年1月的时候曾向UNCITRAL第三工作组提交了一份对ISDS机制进行改革的意见，该意见中就包含有仲裁员需要全职的观点。[①] 但是需要注意的是，在要求上诉仲裁员应该是全职的同时也应该允许上诉仲裁员从事教学工作，这也是被国内外实践所认可的。高标准的全职仲裁员可能会带来仲裁员可获得性问题，毕竟当前律师和仲裁员身份重合的现象较为普遍，很多优秀的仲裁员以及投资争端解决领域的专家通过兼职律师也获得了不少的经济利益，因此有可能出现上述人员对担任投资仲裁上诉机制的全职仲裁员缺乏动力的现象。对于此问题，可以在仲裁员报酬制度设计中采取固定聘任费结合浮动绩效的方法来予以解决。固定聘任费用可以比照WTO的相关标准进行，这种固定的财务保障可以增强投资仲裁上诉机制全职仲裁员的可获得性。中国在投资仲裁上诉机制构建中若采取全职仲裁员的做法，可以有效地消除兼职仲裁员的身份重合所带来的利益冲突，这也可以缓解国际社会对投资仲裁机制下仲裁员公正性的质疑。

（三）平衡投资仲裁上诉机制中的公平和效率价值

投资仲裁上诉机制的构建需要使国际投资仲裁在公平价值和效率价值方面达到一个适当的平衡状态。一般而言，程序的复杂程度越高，可能产生的问题就会越多，进而会愈发影响程序的效率价值。[②] 传统投资仲裁所采取的

---

① *Possible reform of investor-State dispute settlement (ISDS), Submission from the European Union and its Member States*, UN General Assembly Document A/CN.9/WG.III/WP.159/Add.1, Jan. 24, 2019, para. 16 and para. 18.

② 参见邓瑞平、董威颉：《论中国双边投资条约中的保护伞条款》，载《河北法学》2018年第2期。

“一裁终局”模式虽然具有过分追求投资仲裁的效率价值而忽视了公平价值这个固有的缺陷，[①] 但是投资仲裁的效率价值在投资仲裁上诉机制构建过程中应该予以重点关注。一个不公平的投资仲裁裁决即使效率再高也显得毫无意义，而迟来的正义也非正义。投资仲裁上诉机制虽然可以有效地提高投资仲裁裁决的一致性和可预见性以此来增加其公平价值，[②] 但是还需要通过适当的程序设计来避免投资仲裁上诉机制带来新的程序负担。对此，中国在未来设计投资仲裁上诉机制具体规则时一方面可以采用北仲的一些做法，如规定上诉事由中对事实认定错误的审查限定于存在明显且严重的事实认定错误、限缩双方当事人选定上诉庭成员的时间、对投资争端双方提交陈述和上诉庭作出最终上诉裁决的时间予以控制、让拖延程序运行一方当事人分担另一方当事人的上诉费用和因程序拖延所支出的合理费用；另一方面也可以对挑战仲裁员程序加以明确的时间限制并在上诉机制中排斥上诉仲裁庭发回重审的权力。

1. 对挑战仲裁员程序加以明确的时间限制

对仲裁员的挑战权是投资仲裁案件双方当事人的必要权利，该权利虽然能对投资仲裁程序的公正性以及合法性予以保障，但是行使该权利可能会导致整个投资仲裁程序的中止，因此在投资仲裁上诉机制具体规则设计中应该对挑战仲裁员程序施加一个明确的时间限制以防止其造成上诉程序的过分拖延。ICSID[③] 以及国际商会 [④] 的仲裁规则中都将挑战仲裁员程序的时间限定在30 日内，中国可以在设计投资仲裁上诉机制具体规则中予以借鉴，将提起挑战仲裁员程序的时间限制规定为发现或者应当发现相关挑战事由后的30日内。如果投资仲裁案件的双方当事人没有在上述规定时间内提起挑战仲裁员程序，那么其便丧失了该等权利，这在保证投资仲裁上诉机制程序公正的同时也可以确保上诉机制的效率价值。

---

① 参见邓婷婷：《中欧双边投资条约中的投资者—国家争端解决机制——以欧盟投资法庭制度为视角》，载《政治与法律》2017 年第 4 期。

② 参见梁咏：《国际投资仲裁机制变革与中国对策研究》，载《厦门大学学报（哲学社会科学版）》2018 年第 3 期。

③ ICSID Arbitration Rules, Rule 9（5）.

④ ICC Arbitration Rules, Art 14（2）.

2. 排斥上诉仲裁庭发回重审权

投资仲裁上诉机制在具体规则设计过程中是否赋予上诉仲裁庭以发回重审的权力对上诉程序乃至整个投资仲裁程序的效率价值会产生较大的影响。WTO所构建的上诉机制并没有允许上诉机构拥有将案件发回专家组进行重新审查的权力，而EVFTA和CETA中规定上诉法庭可以对尚未正式生效的裁判予以维持、部分或者全部予以改判，甚至可以发回重审。实践中对上诉机制是否纳入发回重审功能有不同的规定，因此中国在对投资仲裁上诉机制具体规则进行设计过程中需要对该问题进行深入的研究以决定其取舍。若赋予投资仲裁上诉仲裁庭以发回重审的权力，那么面临的一个问题便是发回重审之后投资争端双方是否还可以再一次进行上诉。若答案是否定的，那么初裁仲裁庭便拥有了作出最终仲裁裁决的权力，这显然与构建投资仲裁上诉机制的初衷有所违背。若答案是肯定的，那么可能使投资仲裁案件在发回重审和上诉之间循环往复，使得整个投资仲裁程序的持续时间大大增加。即便在上诉机制具体规则设计过程中参考我国国内司法机构的做法采用有限发回原则，即投资仲裁案件被上诉仲裁庭发回重审后投资争端当事人再一次上诉的，上诉仲裁庭必须作出仲裁裁决，不得再次发回重审，这对整个投资仲裁程序的效率价值损害也是非常明显的。从投资争端当事人上诉到上诉仲裁庭发回重审再到投资争端当事人再一次上诉，整个投资仲裁案件至少要经历四次仲裁庭的审查。在允许上诉仲裁庭拥有发回重审权的情形下，投资仲裁上诉机制的构建其实不仅仅是增加了一级审级，增加的这一级审级所拥有的发回重审权实质上可能为投资仲裁案件带来后续多轮的审查。这会对投资仲裁程序造成时间上的极大拖延，从而降低国际社会对投资仲裁上诉机制的接受度，因此不应该赋予上诉仲裁庭以发回重审的权力。

四、结语

部分主权国家和国际组织从20世纪末开始提出对投资仲裁上诉机制的构建进行探索以应对投资仲裁机制面临的正当性危机。对于国际社会对投资仲裁上诉机制的广泛讨论，北仲也提出了一份构建投资仲裁上诉机制的“中国方案”。北仲设计的“选择性”上诉机制更具现实性和灵活性、其对上诉事由限定为法律审和有限的事实审并对上诉程序的时限控制让上诉机制在满足公平价值的同时也关注到了投资仲裁的效率价值，其对当事方不当程序拖延的上诉费用惩戒也可以进一步提升投资争端解决的效率。但是，北仲设计的投资仲裁上诉机制未能将上诉仲裁员的资质和初裁仲裁员的资质予以区分，且其所允许的兼职仲裁员制度有可能将产生利益冲突问题。

对中国现阶段的实践进行分析后发现中国对投资仲裁上诉机制的构建是持有积极态度的。中国未来对投资仲裁上诉机制进行设计时可以借鉴北仲的做法并加以完善，应该将上诉仲裁员的资质和初裁仲裁员的资质予以区分，且应该将上诉仲裁员设计成一个全职的职位以防兼职仲裁员制度可能带来的利益冲突问题。与此同时，对于投资仲裁上诉机制构建可能导致的投资仲裁程序效率价值减损的问题，中国需要通过适当的规则设计来避免此种程序负担的产生。中国一方面可以采用北仲的一些做法来保证投资仲裁程序的效率价值，另一方面也可以通过对挑战仲裁员程序加以明确的时间限制并在上诉机制中排斥上诉仲裁庭发回重审的权力以达到相同的目的。

征稿启事

《北京仲裁》由北京仲裁委员会 / 北京国际仲裁中心主办，主要刊登中外仲裁、调解、工程评审等与多元化纠纷解决机制相关的民商事理论性、实践性的论文或者介绍性文章以及符合前述范围的翻译文章。本出版物每年出版四辑，下设“主题研讨”“专论”“仲裁讲坛”“比较研究”“ADR 专栏”“案例评析”“办案札记”等栏目。

编辑部热诚欢迎广大读者投稿，投稿前请仔细阅读以下注意事项：

1. 来稿应符合本出版物网站（www.bjac.org.cn /magazine/）的投稿要求及注释体例，并按要求写明作者信息、中英文题目、内容摘要、关键词等信息。

2. 来稿应严格遵守学术规范，如出现抄袭、剽窃等侵犯知识产权的情况，由作者自负责任。

3. 为扩大本出版物及作者信息交流渠道，本出版物已经委托博看网数字发行，并已被 CNKI 中国期刊全文数据库收录。凡向本出版物投稿的稿件，即视作作者同意独家授权出版其作品，包括但不限于纸质图书出版权、电子版信息网络传播权、无线增值业务权等权利，授予本出版物授予合作单位再使用、授予相关数据库收录之权利，作者前述相关的著作权使用费将由编辑部在稿酬内一次性给付。若作者不同意前述授权的，请在来稿时书面声明，以便做适当处理；作者未书面声明的，视为同意编辑部的前述安排。

4. 投稿方式：请采用电子版形式，发送至电子邮箱 bjzhongcai@bjac.org.cn。如在两个月内未发出用稿或备用通知，请作者自行处理。

5. 所有来稿一经采用，即奉稿酬（400 元 / 千字，特约稿件 500 元 / 千字）。

《北京仲裁》编辑部

图书在版编目（CIP）数据

北京仲裁．第114辑 / 北京仲裁委员会（北京国际仲裁中心）组编．—北京：中国法制出版社，2021.5

ISBN 978-7-5216-1857-0

Ⅰ．①北…　Ⅱ．①北…　Ⅲ．①仲裁—司法监督—中国—　文集

Ⅳ．① D925.7-53

中国版本图书馆 CIP 数据核字（2021）第 082311 号

策划编辑：马　颖

责任编辑：侯　鹏　　封面设计：李　宁

北京仲裁（第114辑）

BEIJING ZHONGCAI（DI 114 JI）

组编 / 北京仲裁委员会（北京国际仲裁中心）

经销 / 新华书店

印刷 / 河北鑫兆源印刷有限公司

开本 / 787 毫米 ×960 毫米　16 开　　印张 / 12.75　字数 / 206 千

版次 / 2021 年 5 月第 1 版　　2021 年 5 月第 1 次印刷

中国法制出版社出版

书号 ISBN 978-7-5216-1857-0　　定价：30.00 元

北京西单横二条 2 号　邮政编码 100031　　传真：010-66031119

网址：http://www.zgfzs.com　　编辑部电话：010-66060794

市场营销部电话：010-66033393　　邮购部电话：010-66033288

（如有印装质量问题，请与本社印务部联系调换。电话：010-66032926）